헬레니즘

차례

Contents

서구 문명의 뿌리

'헬레니즘(Hellenism)'이라는 용어는 19세기의 위대한 독일 역사가 드로이젠(J. G. Droysen)이 알렉산드로스(Alexandros, 알렉산더)[1] 대왕의 동방 정복 이후, 로마의 초대 황제 아우구스투스(Augustus)가 마지막 헬레니즘 왕국인 이집트를 로마의 속주로 만들었던 대략 300년 정도의 시기를 '헬레니스무스(Hellenismus)', 즉 '그리스화'라고 표현하면서 나타났다. 그러나 헬레니즘 시대가 정확히 언제 시작되었는지에 대해서는 학자들마다 약간씩의 차이가 나타난다.

기원전 338년, 337년, 336년, 334년, 330년, 323년이 그 시작점으로 꼽을 수 있는 연도들이다. 가장 먼저 시작점으로 잡을 수 있는 시기인 기원전 338년은 알렉산드로스의 부왕인 마케도니아(Makedonia)의 필리포스(Philippos, 필립)가 카이로네이아(Chaironeia) 전투를 통해 아테나이(Athenai, 아테네)와 테바이(Thebai, 테베) 연합군을 격파한 시점이며, 337년은 코린토스(Corinthos, 코린트) 동맹을 만들어 그리스인의 맹주가 된 때이다. 336년은 필리포스가 암살되고 20세의 알렉산드로스 3세가 왕위를 계승한 해이며, 334년에는 동방 원정이 시작되었다. 330년은 알렉산드로스가 가우가멜라(Gaugamela)에서 페르시아의 왕 다레이오스(Dareios, 페르시아어로는 다라야바우쉬, 통상 다리우스) 3세를 결정적으로 격파한 해이다. 그리고 마지막으로 323년에 그는 바빌론(Babylon, 바빌론)에서 33세의 젊은 나이에 눈을 감았다.

헬레니즘 시대가 끝난 시점은 안토니우스(Antonius)와 클레오파트라(Kleopathra)의 연합함대가 악티온(Action, 악티움) 해전에서 옥타위아누스(Octavianus, 옥타비아누스, 즉 후일의 아우구스투스)에게 패한 기원전 31년이거나, 안토니우스와 클레오파트라 7세가 자살하고 이집트가 로마에 병합된 해인 기원전 30년이라고 보아도 좋다.

이 연도들은 모두 그 나름의 의미들이 있지만, 시대 구분이 너무 복잡하고 길어진 감이 있다면, 다음과 같이 간략하게 정의할 수도 있다. 헬레니즘 시대는 '알렉산드로스에서 아우구스투스까지'이다. 이 기간 동안에 그리스인은 마케도니아와 그리스, 이집트, 시리아 등 예전의 페르시아 제국의 영토 전역을 포괄하는 지역에서 주도권을 잡고 있었고, 그 문화는 후일의 로마 제국과 그리스도교의 성장에도 커다란 영향을 미쳤다. 오늘날로 보자면 서유럽과 발칸반도, 이집트와 이란, 이라크, 시리아 등을 포함하는 중근동 전체와 아프가니스탄과 인도 북부에까지 그 영향이 미쳤던 것이니, 실로 방대한 지역이 헬레니즘 문화의 세례를 받은 것이다. 이 문화는 서로마 제국과 그리스도교에도 그림자를 드리우고 있지만, 진정한 헬레니즘 문화의 후계자는 서기 1453년에 그 수명을 다했던 동로마 제국, 즉 비잔틴 제국이다. 따라서 헬레니즘 문화를 길게 본다면 서기 15세기 중엽까지 지속되었다고 말해도 그렇게까지 틀리지는 않을 것이다.

그러면, 왜 헬레니즘 세계와 문화를 지금 다시 볼 필요가 있는가? 그 질문에 대한 대답은 여러 가지로 할 수 있겠으나, 여기서 먼저 내세우고 싶은 대답은 '헬레니즘 시대는 국제적인 문화가 있었던 시대였기 때문'이다. 다시 말하면 코스모폴리탄(cosmopolitan), 즉 세계인이 나타난 시대로서 그런 측면에서는 오늘날과 가장 유사한 시대이기 때문이다.

예를 들어, 코린토스에서 태어난 나는 아테나이에서 교육을 받고, 마케도니아에서 관리로 봉사하다가 잘못을 저질러 시리아로 망명하였다. 그곳에서 예전에 같이 공부했던 친구의 도움을 받아 셀레우코스 왕궁에 취직했다가, 이집트로 가는 사절단에 포함되어 갔을 때, 알렉산드리아(Alexandria)에서 지금의 아내를 만났다. 아내의 권유로 사직하고 작은 왕국인 페르가몬(Pergamon)으로 가서 상인이 되어, 새로이 일어난 지중해서부의 로마와 거래하다가, 이제 말년을 이탈리아 남부의 그리스 식민시였던 따뜻한 타란토(Taranto)에서 지낸다. 아, 돌이켜보니, 내 인생은 참으로 여러 가지 일이 있었지만 말과 풍습 때문에 별로 곤란을 겪지는 않았다. 어디나 그리스어와 그리스인의 관습이 통하는 곳이었기 때문이다.

위의 이야기는 전적으로 필자가 지어낸 이야기지만, 아주 불가능한 일은 아닐 것이다. 그만큼 헬레니즘 세계는 그리스 문화라는 하나의 세계적인 문화가 지배했던 곳이었기 때문이다. 물론, 근동의 고대 문명을 계승한 페르시아 문화 및 여러 다른 문화들이 있었지만, 지배층의 문화는 어디에서나 그리스 문화 중심이었다. 자, 서구 문명이 오늘날 세계적인 보편 기준으로 되어가는 지금과 비교할 만하지 않은가?

필리포스와 알렉산드로스 대왕

필리포스 2세

기원전 359년, 마케도니아의 왕이 되었던 필리포스 2세는 오늘날 거의 대부분의 사람들에게 알렉산드로스 대왕의 아버지로만 알려져 있다. 그러나 그는 마케도니아가 강대국으로 발전할 수 있었던 기틀을 마련한 사람이며, 아들보다 앞서 그리스를 제패하고 동방 원정 계획을 세웠던 인물이었다. 알렉산드로스는 부왕이 기획했으나, 완수하지 못한 위업을 성공시켰다고 보아도 좋을 것이다. 테바이가 스파르타를 꺾고[2] 그리스에서 가장 강력했던 시기에 마케도니아의 젊은 왕자 필리포스는 테바이에서 볼모 겸 유학생 신분으로 있으면서, 선진적인 그리스 문화와 전술을 그대로 받아들였다. 그는 마케도니아로 돌아와 왕이 된 후, 그리스 문화를 적극적으로 받아들이고, 그리스 국가들 속에서 한 자리를 차지하기 위해 애썼다. 그런 노력은 아들 알렉산드로스의 가정교사로 유명한 철학자 아리스토텔레스(Aristoteles)를 초빙했던 일에서도 보이거니와, 결국 그리스의 맹주가 될 정도로 강해진 국력으로 그 결실을 얻게 되었다.

그때까지의 마케도니아는 마치 기원전 800년경에 시작되었던 그리스 고졸기 전의 호메로스(Homeros, 호머)[3] 시대를 연상케 할 정도의 낙후된 지역이었다. 호메로스의 서사시에서 나타났던 것처럼 마케도니아는 토지 귀족 중에서 가장 높은 자리를 차지하는 귀족이 다스렸다. 즉, 왕은 귀족 중의 일인자였던 셈이고, 이 경향은 알렉산드로스 시대까지도 어느 정도 남아 있었다. 귀족들은 자신의 토지에 있는 예속적인 농부들을 마치 가부장처럼 다스렸다. 전쟁터에서 평민은 보병으로 참전했고, 귀족들은 기병으로 나갔다. 그들은 아직도 예전 형태의 군대 모임, 즉 군민회(軍民會)라고 부르는 전사들의 모임에서 함성을 질러가며 중요한 일을 결정하곤 했다.

그리스 문화를 적극적으로 받아들이고, 군을 테바이식으로 개혁한 필리포스는 트라키아(Thrakia)의 은광을 개발하고, 그 자금력을 바탕으로 그리스를 넘보게 되었다. 그는 일련의 전투와 외교적 책략을 통해 스파르타의 퇴조와 테바이의 등장, 아테나이의 회복으로 인해 나타난 그리스의 혼란을 마케도니아에 유리하게 이용할 수 있었다. 기원전 342년에서 338년 사이에 아테나이와 테바이는 마케도니아가 그리스에 손을 뻗는 것을 막아보려고 노력했지만, 기원전 338년의 카이로네아 전투는 이러한 그리스의 마지막 저항을 분쇄해버렸다. 하지만 필리포스는 그리스인도 받아들일 수 있는 조건을 제시했고, 기원전 337년, 스파르타를 제외한 그리스 국가들은 '코린토스(Korinthos) 동맹'을 만들고 그 맹주로 마케도니아가 들어선다는 형태를 받아들였다. 코린토스 동맹의 가맹국은 분담금을 내지 않아도 되었고, 내부 문제에 대해서는 전적인 자유와 자치를 누렸으며, 국가 간에 전쟁을 벌이거나, 채무의 말소, 토지 재분배를 구호로 하는 사회혁명(social revolution)[4]은 더 이상 용납되지 않았다.

필리포스는 그리스를 장악하자마자, 페르시아 침공 계획을 세웠다. 그러나 이 계획을 실행에 옮기기 위해 이미 1만 명의 선발대를 헬레스폰트(Hellespont) 해협으로 파견했던 그는 기원전 336년 파우사니아스(Pausanias)라는 청년에 의해 암살당한다. 이 암살의 배후에는 알렉산드로스의 모후인 올림피아스(Olympias)가 있었고, 그 이유는 새로운 왕비를 들이는 데 대한 질투였다는 설이 이미 당대에 제기되었으나, 아직도 논란이 있을 뿐 정확히는 알 수 없다. 필리포스가 클레오파트라(Cleopathra)[5]를 비롯한 다른 왕비들을 두고 있었다는 것은 사실이며, 올림피아스가 대가 센 여성이었던 것은 사실로 보이나, 과연 그녀가 단지 질투와 아들 알렉산드로스의 순조로운 왕위 계승을 위해서 그런 일을 저질렀을까? 어찌되었거나, 어쩌면 아들이 세울 위업을 능가하는 업적을 이뤄냈을지도 모르는 애꾸눈의 왕 필리포스는 장년기인 46세의 나이로 사망하였고, "이러다 아버지에게 위업을 다 빼앗기고 아무것도 할 일이 없겠다"고 걱정했던 알렉산드로스가 그의 뒤를 이어 필리포스의 위업을 장대한 규모로 완성하게 된다.

사자왕 알렉산드로스

부계 쪽으로 헤라클레스의 피를 이어받았다고 하는 알렉산드로스는 그의 부왕인 필리포스가 결혼한 지 얼마 후에 왕비의 몸에 사자의 형상이 봉인되는 꿈을 꾸고 나서 태어났다. 어린 시절에는 유명한 철학자 아리스토텔레스에게서 교육을 받기도 했던 그는 부왕이 암살당한 이후, 혼란한 마케도니아 정국을 안정시키고, 노련한 장군들의 도움을 받아 필리포스의 사망으로 반기를 들었던 그리스 도시 국가들을 진압하고 코린토스 동맹의 맹주 지위를 확인받았다(기원전 334년). 이제 마케도니아군은 코린토스 동맹에서 파견한 분견대를 받아들인 후, 헬레스폰트 해협을 건너 소아시아로 넘어갔다. 그는 트로이아(Troia, 트로이)로 가서 아테나 여신에게 제사를 지내고, 예전의 영웅들, 특히 아킬레스의 무덤에 찾아가 참배했다고 한다.[6] 소아시아에서 그는 페르시아 태수령[7]의 군대를 격파하고, 소아시아 서쪽 해안을 따라 진군하며 여러 그리스인의 식민 도시들을 해방시켰다. 이 식민 도시들은 기원전 8세기에서 6세기 사이에 그리스의 인구가 증가되면서 세워진 곳들이었지만, 페르시아 왕의 지배를 받고 있었다. 이 도시들을 자신의 편으로 돌려놓은 그는 이제 페르시아의 해군 기지였던 예전 페니키아 도시들을 공략하려 했다. 그곳의 함대가 자신이 없는 사이에 그리스를 공격할까봐 두려웠고, 또 그럼으로써 배후를 안정시키려 했기 때문이다. 그러나 페니키아 도시들을 향해 진군하는 동안, 그는 먼저 다레이오스(Dareios) 3세가 직접 지휘하는 페르시아 육군과의 일전을 겪었다. 재미있는 것은 다레이오스와의 이소스(Issos) 전투에서 마케도니아군을 가장 애타게 한 부대는 페르시아에 고용되었던 그리스인 용병들로 이루어진 부대였다는 점이다. 한편 그는 예전에 전설 속의 미다스(Midas) 왕이 살았다는 소아시아의 도시 고르디온(Gordion)에 도착했을 때, 유명한 '매듭절단사건'을 일으킨다. 즉, 이곳에는 산수유나무 껍질을 꼬아 동여맨 유명한 전차가 있었고, 그 전차를 맨 매듭을 푸는 사람은 세계를 정복한다는 전설이 있었다. 그 줄의 끝은 대단히 복잡하게 꼬인 매듭 속에 감추어져 있어서 알렉산드로스는 아예 그 매듭을 잘라서 풀었다는 것이 그 일화이다. 그러나 다른 전승에서는 그 줄 끝을 묶어 놓은 못을 전차의 손잡이 부분에서 뽑아버렸고, 그로 인해 매듭이 쉽게 풀렸다고 전한다. 사실이 정확히 어땠는지는 알기 어렵지만, 어쨌거나 술을 좋아하고 성격이 불같았다는 그의 성품을 잘 보여주는 일화이기도 하다.

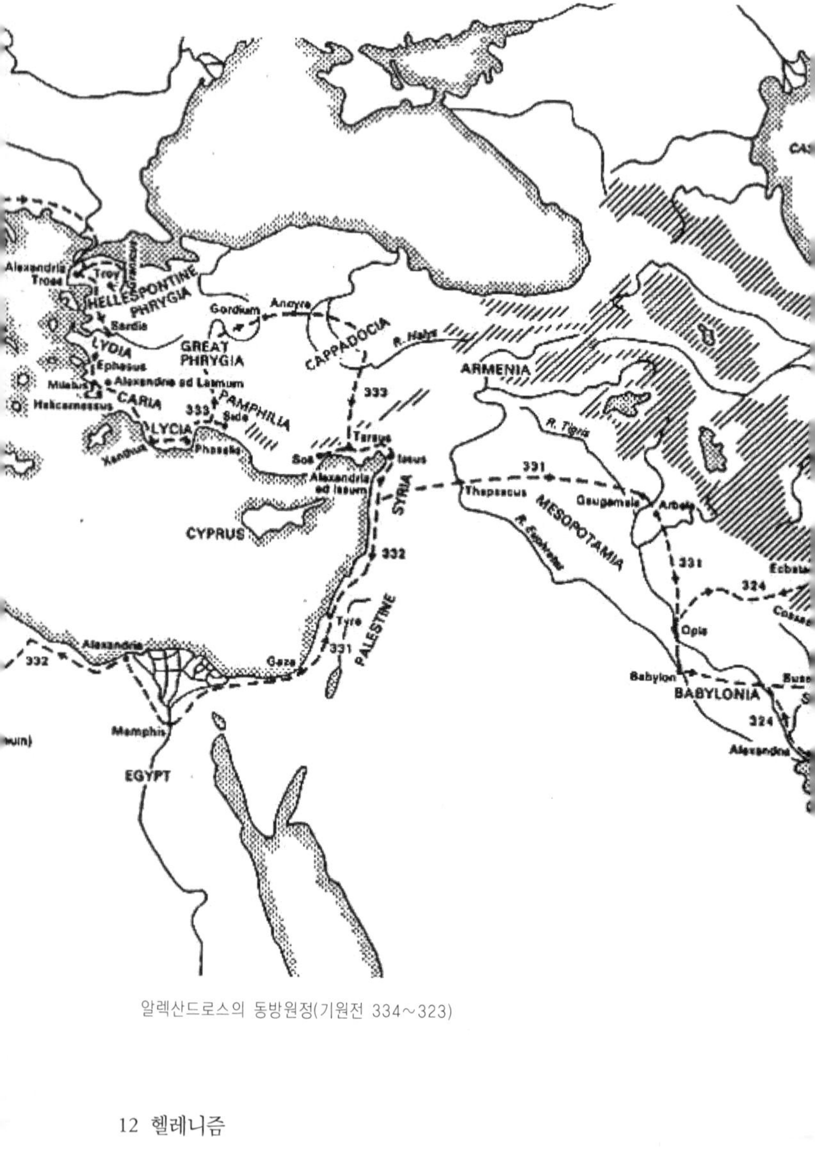

알렉산드로스의 동방원정(기원전 334~323)

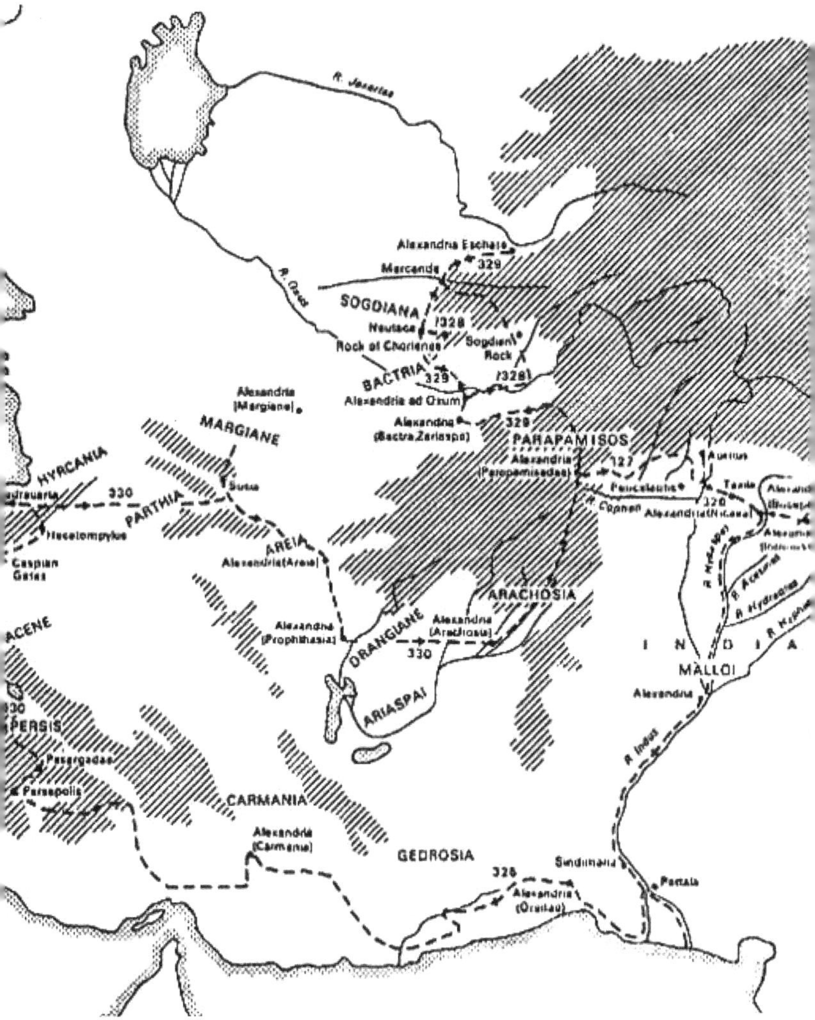
R. Jaxartes
Alexandria Eschata
329
Marcanda
R. Oxus
SOGDIANA
328
Nautaca
Rock of Chorienes
Sogdian Rock
BACTRIA
329
328
Alexandria ad Oxum
Alexandria (Margiane)
Alexandria (Bactra Zariaspa)
329
MARGIANE
PARAPAMISOS
Alexandria (Paropamisadae)
327
Aornus
Peucelaotis
Taxila
326
R. Cophen
Alexandria (Nicaea)
HYRCANIA
330
PARTHIA
Susia
Hecatompylus
Caspian Gates
AREIA
Alexandria (Areia)
ARACHOSIA
Alexandria (Prophthasia)
DRANGIANE
Alexandria (Arachosia)
330
I N D I A
MALLOI
Alexandria
ARIASPAI
PERSIS
Pasargadae
Persepolis
R. Indus
CARMANIA
Alexandria (Carmania)
GEDROSIA
Sindimana
Pattala
325
Alexandria (Oreitae)

이소스 전투 이후, 카르타고의 모시(母市)인 튀로스(Tyros)를 포함한 페니키아 도시들을 정복하고, 해안을 따라, 페르시아의 지배를 원망하고 있던 이집트로 갔다. 이집트에서 그는 페르시아의 압제로부터의 해방자로 큰 환영을 받았다. 그가 이집트의 최고신 아문(Amun) 신전을 방문했을 때는 아문신의 아들로 칭해졌고, 이는 알렉산드로스에게 큰 자부심을 심어주었다. 이후 알렉산드로스가 만든 주화에는 그의 초상과 아문 신을 상징하는 뿔이 같이 새겨지게 되었다. 그리고 그는 훗날 이집트의 수도가 되는 도시인 알렉산드리아를 창건하였다.

이집트까지 정복한 그는 이제 후방에서의 공격에 대한 걱정을 털어버리고, 바로 페르시아 제국의 심장부로 진격했다. 기원전 330년 10월 1일, 가우가멜라(Gaugamela)에서 수적 열세에도 불구하고 테바이의 장군 에파메이논다스(Epameinon- das)가 창안한 사선진(斜線陣)을 변형시킨 전법으로 병력을 집중시키고, 다레이오스를 공격하여 대승을 거두었다. 다레이오스는 목숨은 건져 도망쳤지만, 페르시아 지방 태수의 하나인 베쏘스(Bessos)라는 인물에게 살해당하였다. 승리한 그는 페르시아의 주요 도시들인 바빌론(Babylon), 수사(Susa), 페르세폴리스(Persepolis)로 진격했고, 저항을 거의 받지 않았다. 바빌론에서 그는 페르시아 왕의 보고를 얻어, 엄청난 전리품을 챙겼고, 군자금도 넉넉해지게 되었다. 얼마 지나지 않아 재개된 전쟁에서 여러 태수가 다스리는 동부 관구들의 저항을 물리치고, 페르시아 제국을 거의 장악할 수 있었다. 이 과정에서 그는 다레이오스를 시해한 베쏘스를 잡아 죽이고, 페르시아 왕실의 공주인 록사나(Roxana)와 결혼하여 페르시아 왕가의 정당한 계승자라는 최소한의 요건을 만족시켰다.

지칠 줄 모르고 정복을 재개한 알렉산드로스는 계속 동쪽으로 진격해갔다. 오늘날의 아프가니스탄을 비롯한 지역을 포함하여, 힌두쿠시 산맥을 넘어 인도까지 도달하였다(그러나 실제로는 오늘날의 파키스탄에 머물렀다). 기원전 327년, 인더스(Indus) 강에 이른 그는 인도의 지배자 중의 하나였던 포로스(Poros) 왕을 패배시켰다. 인도마저 휩쓸 기세였던 알렉산드로스는 이제껏 겪어보지 못한 새로운 도전에 직면했다. 마케도니아를 떠나 7년여를 싸워왔던 군대가 이제 지쳐 더 이상의 진군을 거부했기 때문이었다. 결국 그는 군대의 요구에 응해 기원전 324년에 바빌론으로 돌아갔다. 아마도 아라비아 원정을 계획하고 있었던 것으로 추정된다. 다음 해인 323년, 만 32세가 된 그는 갑작스럽게 열병에 걸렸고, 얼마 지나지 않아 사망하였다. 즉위한 지 13년 2개월 만의 일이었다.

페르시아를 정복한 뒤, 알렉산드로스는 스스로를 페르시아 왕조의 정당한 계승자로 생각했고, 실제로도 그에 맞추어 행동하였다. 페르시아 대왕으로 행세하는 것을 즐겼던 그는 궁중예절로 페르시아의 것을 채택했는데, 거기에는 경의의 표시로 왕 앞에서 무릎을 꿇는 것이 포함되어 있었다. 이는 그리스인과 마케도니아인에게는 있을 수 없는 일이었다. 그리스 관행으로 무릎은 신 앞에서만 꿇는 것이었으며, 왕은 단지 동등

한 귀족들 사이의 일인자(primus inter pares)일 뿐이었다. 알렉산드로스는 제국의 행정 문제도 대부분 페르시아의 제도를 그대로 받아들였다. 세금도 예전과 마찬가지로 징수되었다. 그는 페르시아인의 군사적 능력과 행정적 경험을 높이 평가했고, 상당수의 페르시아 귀족을 그대로 태수로 임명했다. 심지어 그는 마케도니아 병사들이 페르시아인 아내를 맞도록 권장하기까지 했다. 그 자신과 그의 가장 친한 친구인 헤파이스티온(Hephaistion), 그 밖의 80명의 마케도니아 귀족들이 페르시아 여성과 결혼했고, 1만여 명의 병사들에게 페르시아 여성과의 합동결혼을 추진하기도 했다. 말하자면, 세계 최초의 대규모 합동결혼식이었던 셈이다. 이런 점들을 들어 그가 인류 평등의 이상에서 동서화합을 추진했다고 보기도 하나, 그보다는 자신만의 제국을 건설하려는 보다 현실적인 이유가 컸다고 판단하는 것이 더 옳을 것이다.

알렉산드로스의 유산과 후계자들

알렉산드로스가 사망한 후, 적절한 후계자가 없었기 때문에 그가 남긴 유산은 대단히 불안정한 상태로 남게 되었다. 이복동생인 필리포스 아리다이오스(Philippos Arrhidaios)는 심신이 박약했고, 왕비인 록사나는 유복자가 있었을 뿐이었다. 그리고 마케도니아의 귀족들과 노련한 장군들은 이제 일생일대의 기회가 왔음을 본능적으로 깨닫게 되었다. 전통적인 마케도니아의 왕 선출의 방법에 따라 모든 병사들이 모인 군민회는 바빌론에서 필리포스 아리다이오스를 왕으로 선출하고, 록사나가 아들을 낳게 되면 그 아들을 공동통치자로 추대하겠다고 결의했다. 제대로 되었다면 이들은 각각 필리포스 3세와 알렉산드로스 3세가 되었겠지만, 그들은 권력투쟁의 도구로 사용되었을 따름이었고, 결국 그 와중에서 살해되고 말았다. 그리고 실제적인 힘을 가지고 있던 마케도니아 장군들은 서로 협의를 통해, 그리고 무엇보다 전쟁이라는 수단을 통해 그 유산을 나누어 가졌다. 이 장군들 중에 뛰어난 이들이 헬레니즘 왕국들의 건국자가 된다.

그러나 역시 알렉산드로스의 유산을 온전하게 하나로 만들어 가지려는 시도가 나타났고, 그 꿈에 가장 가까이 갔던 이는 '외눈' 안티고노스(Antigonos) 장군이었다. 그 자신이 대단히 유능한 장군이었을 뿐만 아니라, 그의 아들인 데메트리오스 폴리오르케테스(Demetrios Poliorcetes) 역시 다른 지역의 사령관으로 있던 유능한 장군이었기 때문이었다. 그러나 프톨레마이오스(Ptolemaios) 같은 다른 장군들은 자신들이 장악하고 있던 지역에서의 권력을 확실하게 하려고 애썼다. 이로 인해 '후계자들(diadochoi)의 전쟁'이 벌어졌고, 안티고노스는 꿈을 이루지 못했다. 알렉산드로스가 사망한 기원전 323년에서 안티고노스가 입소스(Ipsos) 전투에서 패사한 기원전 301년까지가 알렉산드로스의 유산을 둘러싼 장군들의 격렬한 투쟁기였다면, 입소스 전투로 인해 이제 제국이 해체되는 것은 분명한 사실로 다가오게 되었다. 입소스 전투 이후에도 데메트리오스 폴리오르케테스는 마케도니아에 거점을 잡고 부친의 꿈을 이루어 보려고 했으나, 뤼시마코스(Lysimachos)와 새로이 경쟁에 뛰어든 마케도니아 북쪽의 군소 왕국 에피로스(Epiros)의 왕 퓌로스(Phyrros, 피루스)[8]의 합공에 무너지고 말았다. 뤼시마코스는 마케도니아의 지배권을 확립하려고 노력했지만, 기원전 282년의 코루페디온(Korupedion) 전투에서 셀레우코스(Seleukos)에게 패사했다. 그후 마케도니아에서는 어느 정도의 무정부 시대를 거쳐 데메트리오스의 아들 안티고노스 고나타스(Antigonos Gonatas)가 안티고노스 왕조를 개창하였다.

이제 알렉산드로스 제국은 3개의 강대국과 나머지 군소 왕국들로 나누어졌다. 이 세 왕국은 각각 마케도니아, 시리아, 이집트였다. 셀레우코스가 자신의 왕국으로 만들었던 시리아는 이집트와 일부 영토를 제외하고는 예전의 페르시아 제국의 대부분을 차지하였다. 한편 프톨레마이오스 1세는 이집트에 자신의 왕조를 건설했고, 예전의 이집트 문명을 상당 부분 받아들이면서 파라오로 군림하게 되었다. 이집트의 마지막 지배자는 그의 마지막 후손인 클레오파트라 7세였다. 이 3대 강국은 서로를 견제하면서 헬레니즘 시대의 상당 기간을 소위 '세력 균형의 시대'로 만들었다. 즉, 어느 한 왕국이 강해지면 다른 두 왕국이 연합하여 저지하는 것이 일반적인 외교 전략이었던 것이다.

후일, 이 3대 강국과 함께 주로 셀레우코스 왕국에서 분리

된 군소 왕국들이 나타난다. 이 군소 왕국들 중에는 기원전 3세기 초 아탈로스(Attalos) 왕가에 의해 통치된 페르가몬 왕국, 그리스 식민자들이 통치했던 박트리아(Baktria), 유다인의 마카바이오스(Makkabaios, 마카베) 왕조, 인도-이란 계통 침입자들이 다스린 소왕국이었던 파르티아(Parthia)가 들어간다. 한편 파르티아는 매우 강력한 국가로 성장하여, 기원전 2세기가 되면 시리아에게서 메소포타미아의 권력을 탈취하기까지 한다.

그리스와 마케도니아(안티고노스 왕국)

마케도니아의 사슬에 묶인 그리스

3대 강국, 즉 마케도니아·시리아·이집트가 헬레니즘 세계를 좌우하던 시기에 그리스의 도시 국가, 즉 폴리스(polis)는 더 이상 예전의 영광을 맛보지 못했다. 공식적으로 그리스는 어느 나라에도 속하지 않았지만, 실제로는 마케도니아의 영향력 아래서 벗어나기 힘들었다. 물론 그리스의 폴리스들은 기원전 338년의 카이로네아 전투 이래 마케도니아의 사슬에서 벗어나려고 계속 노력했으나, 그 수많은 시도는 결국 성공하지 못했다. 마케도니아가 그리스를 장악하는 가장 보편적인, 그리고 확고한 방법은 그리스의 중요한 전략적 거점들에 수비대를 배치하는 것이었다. 그 대표적인 주둔지는 칼키스(Kalkis), 코린토스, 데메트리아스(Demetrias)였고, 이 세 곳은 흔히 '그리스의 족쇄들'이라고 불렸다.

그리스 국가들의 자유를 위해 주도적인 역할을 했던 국가들은 처음에는 아테나이, 그리고 스파르타, 다음에는 아테나이(크레모니데스 Cremonides 전쟁), 후에는 아카이아(Achaia) 연방, 그리고 다시 스파르타였다. 그리스 북부에 있는 아이톨리아(Aitolia) 연방의 경우는 정치적 상황에 따라 마케도니아에 대해 적대감을 보이기도 하고, 때로는 우호관계를 맺는 등 태도가 바뀌었다. 대체로, 마케도니아에 대한 반란은 성공하지 못한 편이었다. 알렉산드로스 사후, 아테나이의 정치가 데모스테네스(Demosthenes)[9]가 선동한 반란 역시 마찬가지였다. 이 반란을 진압한 뒤, 마케도니아는 아테나이에 수비대를 주둔시키고, 아테나이의 체제를 바꿔버렸다. 즉, 이후로는 일정한 재산을 갖춘 사람만이 시민권을 가질 수 있게 되었다. 다시 말하면 과두정[10]으로 체제를 바꾸어 버렸던 것이고, 이제 원래 의미의 아테나이 민주정은 역사의 전면에서 사라져 버렸다. 아테나이가 더 이상 국제 정치에서 중요한 역할을 맡지 못했고, 이후로도 몇 차례 더 마케도니아의 굴레에서 벗어나려고 시도했지만, 그때마다 외부에 도움을 청해야 했다. 기원전 307년, 민주정이 회복되었다. 그리고 민주정은 로마가 아테나이의 정치체제를 과두정으로 바꿔버린 기원전 86년까지 지속되었다.

'스파르타 혁명'

스파르타의 영향력 역시 줄어들었다. 스파르타는 비록 코린토스 동맹에 가담하지 않고 버틸 수 있기는 했지만, 달리 보면 마케도니아에게 무시당했다고 볼 수 있다. 기원전 5세기 말, 펠로폰네소스 전쟁에서의 승리로 군사적 영광과 국제적 위상이 정점에 달했던 스파르타는 단 한 번의 군사적인 패배를 고비로 걷잡을 수 없이 몰락해갔다. 즉, 기원전 371년 테바이(Thebai)의 에파메이논다스에 의해 레욱트라(Leuktra)에서 패하고, 다음 해에도 그에 의해 영토의 거의 절반에 해당하는 메세니아(Messenia)가 분리·독립되어 군사적인 면만이 아니라 경제적·심리적으로도 크게 위축되었다. 그 결과 지속적으로 어려움을 겪게 된 스파르타는 정치적 입지의 축소만이 아니라, 시민단의 감소로 인해서도 이제 소규모 폴리스의 하나로 전락해 있었다.

이 상황을 타개하기 위해 스파르타는 기원전 3~2세기에 야심 있는 왕들의 주도로 사회개혁과 정치개혁을 시도하여 다시금 펠로폰네소스의 패권을 잡으려 시도하였고, 일반적으로 이를 '스파르타 혁명'이라고 부른다. 이 '스파르타 혁명'의 문을 열어 젖혔던 아기스 4세(기원전 244~241년)가 즉위하는 시기인 기원전 244년경이 되었을 때는 이미 대개 마케도니아에 그 기원을 가지는 왕가들이 주도하는 군주국들이 헬레니즘 세계를 주도하고 있었다. 10대 후반까지 '부와 사치에 의해 양육되었던' 그는 쾌락을 멀리하고 전래의 소박한 생활방식을 회복하기로 마음먹는다. 이제 스파르타인은 두 개의 당파로 나뉘게 되었다. 한편은 소위 '개혁파'였고, 다른 한편은 여기에 저항하는 '보수파'였다. 보수파는 자신들의 구심점으로 또 다른 왕가인 아기아다이(Agiadai) 왕가의 왕인 레오니다스(Leonidas)를 선택하였다.

아기스는 시민단의 확충이라는 우선적 목표를 달성하기 위해, 토지 재분배를 제안했고, 이를 효과적으로 관철시키기 위해 자신의 모든 부동산과 600탈란타(talanta)[11]라는 거금을 공적 기금으로 내놓겠다는 '폭탄선언'을 하였다. 이에 아기스는 압도적인 여론의 지지를 등에 업고 개혁을 추진할 수 있게 되었다. 개혁의 추진과정에서 아기스는 외삼촌 아게실라오스의 전횡으로 말미암아 개혁에 불리한 여론이 조성되었고, 별다른 군사적 성공조차 거두지 못한 채 실각하게 되었다. 그는 스파르타 왕으로는 역사상 처음으로 재판도 받지 못하고 처형되었으며, 그의 어머니와 할머니 역시 같은 운명의 길을 걷게 되었다. 이로 말미암아 아기스의 개혁시도는 실패로 돌아가게 되었으나, 후일 아이러니컬하게도 그의 최대의 적수인 레오니다스의 아들인 클레오메네스(Cleomenes) 3세가 개혁정신을 계승한다.

왕위에 오른 클레오메네스(기원전 236~222년)는 개혁을 위한 인적·물적 자원을 마련한 다음, 아기스와는 달리 무력을 동반한 '친위 쿠데타'를 일으켜 정권을 장악하고 감독관 중에

4인을 죽인 후, 유력한 시민 80명을 추방하였다. 개혁을 수행하여 피지배층이었던 페리오이코이(perioikoi)[12]와 외국인을 받아들여 시민단을 충원하고, 모자라는 수효와 재원은 6,000명의 헤일로타이(heilotai)[13]를 속전을 받고 해방하여 충당하였지만, 결국 기원전 222년 마케도니아의 안티고노스 고나타스와의 일전(셀라시아(Sellasia) 전투)에서 패전함으로써 그의 꿈을 접을 수밖에 없었다. 그러나 그들은 그리스 남부와 중부에서 일련의 사회적 소요(stasis)를 몰고 왔다. 이 두 왕은 시민 계급을 확대하는데 필요한 재원을 마련하기 위해서 채무를 말소하고, 토지를 재분배했는데, 다른 지역의 가난한 그리스인까지 덩달아 토지 재분배를 요구했기 때문이다. 하지만, 이는 코린토스 연맹의 규약에 정면으로 어긋나는 것이었고, 이에 따라 마케도니아와 각국의 부유한 보수층이 적극적으로 개입하게 되었던 것이다.

연방국가

한편, 앞서 보았듯이 헬레니즘 시대는 예전과 달리 강력한 군주국들이 국제 정세를 좌우하고 있었고, 폴리스들은 더 이상 독립적이고 독자적인 정책을 유지해 나가기 어려웠다. 이 시기에 그 대안으로 나타났던 것은 여러 폴리스들의 연합체인 '연방국가(federal state)'였고, 그 대표적인 두 곳이 아카이아 연방과 아이톨리아 연방이었다. 이 두 곳 모두 기원은 헬레니즘 시기 이전에 시작되었지만, 본격적으로 발전한 것은 헬레니즘 시기에 들어와서부터이다. 이 연방들은 민족(ethnos)이 주요한 정치적 단위인 지역에서 형성되었다. 이 연방들은 대개 방위동맹으로서 하나의 폴리스가 맹주가 되어 이끄는 델로스(Delos) 동맹이나 펠로폰네소스(Peloponnesos) 동맹과는 또 다른 성격을 가졌다. 연방의 시민은 자기가 속해있는 도시국가의 시민권과 연방 시민권이라는 이중의 시민권을 가지고 있었다. 그리하여 연방에 속해있는 다른 도시국가로 이주해가면, 곧 그곳에서도 완전한 시민권을 행사할 수 있었으며, 연방 민회를 열었고, 연방 공통의 화폐를 제작하기도 하였다. 하지만 이 연방들 역시 강대국들이 간섭해 오는 것을 완전히 막지는 못했다. 실상, 이들은 강대국들에게 개별적인 가맹국 사이의 분쟁을 중재하도록 요청하기도 했다. 이렇게 그리스는 폴리스들의 '자유와 자치'를 보장하기 위해서라는 구실을 내세우며, 내부 문제에 간섭하였던 강대국들의 꼭두각시 같은 신세로 전락해버렸다.

마케도니아

필리포스 2세와 알렉산드로스의 고향인 마케도니아 왕국은 헬레니즘 3대 강국 중에서 세습적인 군주정의 성립이 가장 늦게 이루어졌다. 안티고노스 왕조는 기원전 276년이 되어서야 마케도니아에서 자리를 잡았으니, 알렉산드로스 대왕이 죽은 지 47년 만의 일이었다. 마케도니아를 떠나 동방 원정에 오르면서 알렉산드로스는 섭정의 자리를 유력 귀족인 카산드로스(Kassandros)에게 맡겼고, 그는 기원전 297년까지 마케도니아를 장악하고 있었다. 그러나 그후, 마케도니아는 여러 장군들이 자신들의 운을 시험해보는 장소로 변했다. 누구든지, 군사적인 성공을 내세우고, 마케도니아 군민회의 환호를 받을 수 있다면 이 지역의 왕이 될 수 있었던 것이다. 이집트와 시리아의 왕들 역시 자국의 왕자들에게 이 땅의 주인 자격을 찾아주려고 애썼다. 그러나 결국 마케도니아는 데메트리오스 폴리오르케테스의 아들인 안티고노스 고나타스에게 돌아갔고, 이후 안티고노스 왕조는 기원전 168년 로마에 의해 해체될 때까지 마케도니아에서 확고하게 뿌리내렸다.

마케도니아는 같은 헬레니즘 3대 강국에 속해있긴 하지만, 이집트와 시리아와는 다른 점이 많았다. 우선 이집트나 시리아는 예전에 페르시아 왕국의 지배를 받던 곳이었고, 동방적인 전제군주정이 3,000여 년간 자리를 잡고 있던 곳이었다. 그러나 원래 마케도니아는 군주정이긴 했어도, 절대군주정과는 거리가 멀었다. 그 사실은 이미 알렉산드로스가 페르시아와 이집트의 관행을 받아들여 왕 앞에서 무릎을 꿇는 예절을 도입했을 때, 그리스인과 마케도니아인이 강력하게 반발했던 것에서도 잘 드러난다. 또한 마케도니아의 귀족의 세력은 다른 나라들과는 달리 원래부터 상당히 강력하였다. 그럼에도 불구하고, 마케도니아의 국가적 성격은 점차 다른 헬레니즘 왕국들과 상당히 비슷해졌다.

우선 안티고노스 왕조 시대에 마케도니아는 상당한 도시화를 이루었다. 예전의 마케도니아 지역에는 도시가 그다지 많이 존재하지 않았고, 있었다고 해도 그 규모가 크지 않았다. 그러나 이제 여러 곳에서 도시들이 나타났고, 예전부터 있던 도시들도 그 규모가 커짐과 동시에 그리스의 폴리스 같은 행정단위와 기구, 직제들이 도입되었다. 그리고 기원전 3세기의 경제적 변화에 대한 자료는 그다지 많지 않지만, 이미 필리포스 2세가 그리스식으로 변화시켜 놓았던 마케도니아의 경제 분야의 발전이 안티고노스 왕조 시대에서도 계속 발전했음은 분명하다. 필리포스는 주로 목축에 종사했던 반야만적인 마케도니아인을 농부와 도시민으로 변모시켜 놓았고, 여러 곳에 금광과 은광을 개발하여 국고의 재원을 확충했다. 뒷날 안티고노스 고나타스나 필리포스 5세가 다량의 화폐를 발행했던 것으로 보아, 이 광산들이 계속 유지되었거나, 적어도 동방에서 유입된 금은으로 국고가 충실했음을 보여준다. 그럼에도 불구하고, 마케도니아의 재정 상태는 다른 헬레니즘 왕국들, 특히 이집트의 풍부한 재정 상태와는 결코 비교할 수 없었다. 근본적으로 마케도니아의 자연자원은 적어도 고대 세계에서는 그렇게 풍요한 편이 아니었기 때문이다.

한편 서방의 새로운 강국으로 떠오르는 중이었던 로마는, 제2차 포이니(Poeni, 포에니) 전쟁[14)]의 와중에서 헬레니즘 세계와 연관을 맺게 되었고, 그리스의 정치적 상황에도 한 발을 들여 놓게 되었다. 이 역시도 당시의 헬레니즘 강대국들이 그리스에 개입하게 되는 방식과 비슷한 것이었다. 즉, 마케도니아에 대항하는 여러 도시국가들이 로마에게 지원을 구했던 것이다. 기원전 196년, 마케도니아를 패배시킨 로마는 기원전 194년 코린토스에서 그리스는 '자유롭고 자치적'이라고 공식적으로 선언하였다. 그러나 이 '그리스의 자유선언'은 종종 있던 일로서 역시 예전과 마찬가지로, 그리스는 로마의 영향권 아래로 들어갔을 따름이었다. 그리스인은 이 상황을 달가워하지 않았다. 오랜 갈등 끝에, 로마는 다시 한번 그리스와 마케도니아에 개입하였다. 결국 기원전 148년, 마케도니아는 로마의 속주가 되었고, 그로부터 2년 후, 그리스는 마케도니아의 로마인 총독(proconsul)의 통치 하에 들어갔다.

이집트 : 프톨레마이오스 왕국

이집트를 장악한 마케도니아의 사령관 중 하나였던 프톨레마이오스 1세(기원전 323~283년, 별칭은 소테르 Soter)는 원래 알렉산드로스의 친구 중의 한 명이었다. 기원전 323년, 이집트의 태수(satrap)가 된 그는, 기원전 304년에 스스로 왕이 되었고, 팔레스타인과 퀴프로스(Cypros)를 비롯한 에게(Aegean)해와 소아시아의 여러 지역을 점령(기원전 301년경~286년)하여 프톨레마이오스 왕조의 기틀을 닦았다. 그는 예전의 이집트 오시리스(Osiris) 신의 숭배를 사라피스(Sarapis) 숭배의식으로 바꾸었고[15], 이집트의 군사 조직과 행정, 사법 조직의 골격을 마련하였다.

그의 아들인 프톨레마이오스 2세(기원전 282~246년, 별칭은 필라델포스 Philadelphos)는 기원전 285년부터 부왕과 공동 통치를 시작했으며, 기원전 282년에 즉위했다. 그는 시리아와 제1차 시리아 전쟁(기원전 276년경~271년)을 벌여 시리아와 소아시아의 상당 부분을 점령했고, 마케도니아에 대항하는 크레모니데스(Chremonides) 전쟁을 지원했다. 크레모니데스 전쟁은 기원전 266~261년 사이에 일어났으며, 아테나이가 주도하여 마케도니아에 대항한 전쟁이었다. 그와 그의 관료들은 이집트의 과학적 재정 구조를 정비했으며, 지배자 숭배를 조직화하였다. 그는 고대 세계의 7대 불가사의의 하나로 꼽히는 파로스(Pharos) 섬의 등대를 건설하였고, 최초의 왕립 아카데미라고 할 만한 무사이온(Musaion, 말 그대로 뮤즈 여신들 Musai의 집), 알렉산드리아 대도서관을 건립하였다.

이 두 왕의 시대가 프톨레마이오스 왕조의 전성기라고 할 수 있으며, 프톨레마이오스 3세(기원전 246~221년, 별칭은 에우에르게테스 Euergetes) 때는 제3차 시리아 전쟁으로 시리아와 소아시아에서 도시 대부분을 얻어낼 수 있었다. 그러나 이집트의 팽창은 이것으로 끝나게 되었으며, 이후로는 오히려 팽창한 영토 때문에 많은 곤란을 겪게 된다. 그리고 그 다음으로 즉위한 프톨레마이오스 4세(기원전 221~205년, 별칭은 필로파토르 Philopator) 때부터는 이집트 원주민의 반란이 계속해서 일어나게 된다. 결국 기원전 2세기에 들어서면 프톨레마이오스 왕국은 왕위 계승 투쟁, 팔레스타인의 상실과 시리아 지역에서의 압박(기원전 200년), 이집트 원주민의 심각해지는 소요 등으로 그 국력이 매우 약해졌다. 기원전 2세기와 특히 기원전 1세기에 이미 헬레니즘 세계를 제패하고 있던 로마는 이집트에 더욱더 많이 간섭하게 되었다. 그리고 잘 알려진 것처럼, 프톨레마이오스 왕조의 마지막 여왕 클레오파트라 7세는 후일 로마 황제 아우구스투스[16]가 되는 옥타위아누스가 이집트를 점령했을 때 자살했고, 결국 기원전 30년에 이집트는 독립을 잃었다. 그러나 이미 로마가 이 땅을 장악하기 이전부터 이집트의 상황은 상당히 무정부적이었다고 표현할 수 있다. 여러 지역에서 왕실 관리들은 주민들과 농촌에 대한 장악력을 잃어갔고, 질서가 무너졌으며, 농민들은 지속적으로 소요를 일으켰기 때문이다.

사실상, 프톨레마이오스 왕조가 자리를 잡기 이전의 이집트가 문명화되지 않은 지역은 아니었다. 이집트는 오래되고, 영광스러운 역사를 가진 대단히 문명화된 지역으로서 수천 년에 이르는 문화적 전통을 갖고 있었다. 또 외부와 완전히 단절되었던 국가도 아니었다. 그리고 페르시아의 이집트 정복 이후, 메소포타미아의 문명과 행정적 영향을 상당히 많이 받았을 것이다. 어찌되었거나, 프톨레마이오스 왕조 치하에서 이집트는 마케도니아 왕실의 영향을 받았던 헬레니즘 왕국이기도 했지만, 이집트 고유의 특성도 상당히 많이 남아 있었다. 다시 말하자면, 헬레니즘 시대의 이집트는 도시와 농촌으로 이원화되어 있었고, 도시는 헬레니즘 풍을, 농촌은 예전의 파라오 시대

풍을 유지하고 있었다고 해야 할 것이다. 물론 이런 점은 시리아 역시 마찬가지였지만, 예전부터 도시 문화적 전통이 강한 시리아보다는 이집트에서 더 심한 대조를 보였다.

시리아: 셀레우코스 왕국

셀레우코스 왕조의 창건자인 셀레우코스 1세(기원전 311~280년, 별칭은 니카토르 Nikator)는 알렉산드로스와 개인적인 친분은 있었던 것으로 보이지만, 뛰어난 장군에 속하지는 않았다. 그러나 알렉산드로스의 사후, 기원전 321년 바빌로니아 태수령을 장악하였고, 기원전 316년에는 이 태수령을 잃고 이집트로 도망쳤다가 기원전 311년 다시 찾았다. 입소스 전투 뒤에는 시리아 태수령과 킬리키아(Kilikia)[17] 태수령을 얻었고, 계속 동서로 영토를 확장하여 헬레니즘 왕국 중에서 가장 넓은 영토를 자랑하는 왕국을 건설하였다. 사실 셀레우코스의 업적은 알렉산드로스에게만 약간 못 미칠 뿐이라고도 말할 수 있다. 알렉산드로스의 제국 중에서 아시아의 영토는 그가 거의 모두 통합했기 때문이다. 그러나 다른 한편, 셀레우코스 왕국은 다양한 민족과 문화를 포괄하는 매우 이질적인 영역이었기 때문에 왕국의 존속에 지속적인 위협이 되었다.

셀레우코스 1세 이후, 어느 정도 정체 내지 퇴조했던 시리아의 판도는 안티오코스(Antiochos) 3세(기원전 223~187년) 때에 다시 중흥을 맞이하였다. 그는 셀레우코스 왕국을 강화하기 위한 시도를 실천에 옮겼고, 이를 성공적으로 끝냈다. 기원전 200년, 결국 그는 시리아 남부와 팔레스타인을 이집트로부터 빼앗았다. 그러나 그리스를 정복하려는 그의 야심으로 인해 셀레우코스 왕국은 로마와 전쟁(기원전 191~188년)을 치러야 했고, 그 결과 테르모퓔라이(Thermophylai)와 마그네시아(Magnesia)에서 참담한 패배를 맛보아야 했다. 기원전 188년, 그는 소아시아를 로마의 동맹국인 페르가몬 왕국[18]에 넘겨야 했고, 15,000탈란타나 되는 거액의 배상금을 치러야 했다. 그 후, 셀레우코스 왕국의 판도는 점차 줄어들어 갔다.

유대반란을 진압했던 안티오코스 4세(기원전 175~164년)가 기원전 164년 사망한 후, 셀레우코스 왕국은 계속되었던 왕위 계승 투쟁으로 급속하게 약화되었다. 기원전 129년, 결국 안티오코스 7세가 사망한 뒤, 시리아는 많은 영토를 상실하고 북부 시리아의 좁은 지역만을 다스리게 되었고, 메소포타미아 대부분은 파르티아의 지배를 받게 되었다. 이 시기가 되면, 셀레우코스 왕국은 오늘날의 시리아를 겨우 포괄하는 지역으로 축소되었다. 기원전 64년, 로마는 셀레우코스 왕국을 통합하고, 이 지역을 시리아 속주로 개편하였다. 결국 셀레우코스 왕국의 절정기는 창건자인 셀레우코스 1세 시대였다고 말할 수 있다.

셀레우코스 왕조 치하의 시리아의 특징은 주민들과 문화의 다양성이다. 이 왕국의 영토 안에는 여러 문명과 주민들이 공존하고 있어서, 서부 소아시아 해안 지역의 그리스계 주민들, 동부 지역의 이란계 주민들, 팔레스타인 지역의 유다인과 아라비아인들 등 다양한 요소들을 볼 수 있었다. 한편 다른 측면에서 보자면, 그리스 문화와 동방 문화의 이중성이라고 정리해도 좋을 것이다. 북부 시리아 지역에 세워진 안티오케이아(Antiocheia, 안티오키아, 오늘날 터키의 안타크야 Antakya)는 왕국의 수도였지만, 동시에 티그리스 강변에 세워진 셀레우케이아(Seleucheia)를 행정수도로 정한 것을 보면 셀레우코스 왕조가 시리아에 취한 이중성을 잘 알 수 있다. 또한 셀레우코스 왕조는 배타적으로 그리스인과 마케도니아인만을 지배·통치 계급으로 받아들였고, 예전의 알렉산드로스 대왕과는 달리 이란인과의 혼혈을 장려하거나, 이란인을 통치 계급으로 받아들이려 하지 않았다.

헬레니즘 시대의 유다인

바빌로니아에 잡혀갔던 수만 명의 유다인이 귀환[19)]한 후, 페르시아 제국 시대의 유다는 거대한 태수령 내에 있는 조그만 속국으로 바뀌었다. 알렉산드로스 대왕의 정복 이후, 처음에 유다는 프톨레마이오스 왕국의 통치권 아래로 들어갔다.

기원전 200년, 안티오코스 3세가 이 지역을 셀레우코스 왕국에 병합시켰다. 이 정복이 가져온 변화는 많지 않았다. 그리고 유다 외의 지역에 살고 있는 유다인 역시 많았다. 처음, 바빌로니아에도 적은 수의 유다인이 남았고, 다른 많은 사람들은 이집트에 가서 군대에 들어가거나 다른 일에 종사했다. 알렉산드리아에는 매우 큰 규모의 유다인 공동체가 있었다. 이 유다인을 '디아스포라(Diaspora)'[20] 상태에 있다고 부른다.

물론 유다인 역시 그리스 문명과 친숙해졌고, 일부 유다인 사상가들, 특히 알렉산드리아에 살고 있는 이들은 그리스 문명의 영향을 크게 받았다. 알렉산드리아의 유다인 중 다수는 히브리어를 버리고 그리스어만 쓸 정도였다. 그들을 위해서 구약성서의 그리스어 판[21]이 만들어졌다. 많은 사람들이 더 이상 원어(히브리어)를 읽지 못하게 되었기 때문이다. 한편 예루살렘 역시 헬레니즘의 영향을 짙게 받았다. 예루살렘에 그리스 식 학교(gymnasion)가 세워졌고, 심지어 제사장도 포함된 일부 시민들은 그리스 풍을 받아들였다. 그럼에도 불구하고, 유다인은 배타적인 유일신교 신앙을 가지고 있었고, 결코 이를 포기하려 하지 않았다. 이에 따라 그들은 주변의 혐오와 때로는 증오의 대상이 되었다.

기원전 168년, 안티오코스 4세 에피파네스(Epiphanes)가 이집트를 침공한 후 로마인에 의해 패배하자, 유다는 셀레우코스 왕국에 대해 봉기했다. 예루살렘의 일단의 유다인은 이때가 셀레우코스의 멍에를 벗어던질 좋은 기회라고 느꼈다. 그러나 안티오코스는 곧 이 반란을 진압하고, 예루살렘 근처에 시리아 병사들을 주둔시켰다. 그는 이 병사들을 위해 시리아의 신 바알 샤멘(그리스인에게는 제우스 올림피오스)에게 바쳐진 신상을 성전에 세웠다. 정통파 일신론을 믿는 유다인에게 이 행위는 절대로 용납될 수 없는 일이었고, 그에 따라 두 번째 반란이 일어났다. 이 반란은 처음에는 마타티아스(Mattathias)가, 그리고 나중에는 그의 아들 유다스 마카바이오스(Judas Makkabaios)가 지휘했다. 이 반란은 지지부진하게 진행되었고, 기원전 160년에는 유다스 마카바이오스가 살해되기도 했다. 그러나 셀레우코스 왕국의 국력이 안티오코스의 사망 이후에 계속되었던 왕위 계승 투쟁으로 점점 약화되었기 때문에, 결국에는 유다스의 형제들(요나단 Jonathan과 시몬 Simon)이 이끌었던 반란이 성공하게 되었다. 기원전 152년, 마카바이오스 일족은 왕위 요구자들 중의 한 명에게 제사장직과 장군직을 요구하였다. 10년 후, 유다는 면세 특권과 화폐 주조권을 얻어냈고, 셀레우코스 수비대의 해산과 함께 실제적인 독립을 쟁취하였다. 기원전 104년, 마카바이오스 일족은 자신들의 지도자에게 왕위를 부여하여 하스모네아(Hasmonea) 왕조를 건설했다. 마카바이오스 일족은 유다를 큰 왕국으로 팽창시켰고, 그 영향권에 들어온 비유다인에게도 할례 같은 유다 관습을 강요하였다. 마카바이오스서(the Books of Macabees)의 저자들은 그리스의 영향과 마카바이오스 이전의 예루살렘 성직자들이 받아들였던 그리스의 관습을 비난하였다. 이런 면에도 불구하고, 하스모네아 왕조의 왕들은 더 적극적으로 헬레니즘 문명을 받아들였다. 그들은 그리스 식 이름을 선택하고, 심지어 스스로를 '그리스 애호가(Phil-Hellene)'라고 부르기까지 했다. 유다 왕국 내에서 왕들은 때로는 비교적 귀족적인 사두개파(Sadducees)들에게서, 그리고 때로는 평민들에게 더 인기가 있었던 바리사이파(Pharisees)들에게서 자신들의 지지 세력을 구했다. 사두개파는 예루살렘 성전을 오래전부터 지배해왔던, 오랜 전통을 가진 부유한 성직자 가문 사람들이었던 반면에, 바리사이파는 성서를 해석했던 박식한 라삐(rabbi)들이었다.

하스모네아 왕조는 왕위 계승 투쟁으로 약화되었고, 결국 이 틈에 로마가 개입하였다. 기원전 63년, 로마는 유다를 시리아 속주에 병합시켰다. 결국 로마에 병합됐음에도 불구하고, 마카바이오스 일족의 반란은 대단히 중요하다. 그들이 종교적 동기와 민족적 동기를 결합하여 후에 그리스도교가 나타날 수 있는 기반을 만들었기 때문이다. 유다인은 이제 예전보다 더 욱더 강력한 지도자, 메시아를 기다리게 되었다.

파르티아인

파르티아 왕국은 이미 다레이오스 1세가 다스리던 시기에 존재했던 페르시아의 태수령인 파르티아에서 나왔다. 기원전 3세기 중엽, 스키타이-이란(Scytho-Iranian) 종족인 파르니인(Parni)은 이 지역에 침입하여 이제 막 독립을 획득했던 그리스인 태수를 몰아내고 새로운 왕조를 세웠다. 기원전 3세기와 2세기가 지나자, 이제 파르니라고 불리는 파르티아인은 이란과 메소포타미아를 정복하였다. 파르티아 왕조는 스스로를 페르시아 제국의 후계자로 자처하였지만, 페르시아인은 그들을 이방인으로 간주하였다. 파르티아의 국력은 파르티아 귀족들로 구성된 강력한 기병대에 바탕을 두고 있었지만, 파르티아 왕국은 충분한 인력과 정부를 구성하는 조직적인 전문 지식이 없었다. 그에 따라, 얼마 되지 않아 태수령들 옆에 제후국들이 나타났다. 동시에 왕국 내의 그리스 도시들은 상당한 정도의 자치권을 얻어냈다.

그들의 공용어는 그리스어였다. 새로운 그리스-이란 스타일의 건축양식이 발전하였고, 이 양식은 특히 새로운 도시들에서 나타났다. 일부 도시들은 셀레우케이아를 마주보고 있는 새로운 수도인 크테시폰(Ctesiphon)이나 하트라(Hatra), 아쉬수르(Ashsur)처럼 예전 도시들 자리에 세워졌다. 아람어 문서(Aramic texts)에 따르면, 아쉬수르 신의 숭배가 앗수르(Assur)에서 계속되었거나, 부흥하였다. 새로운 파르티아 양식으로 건축된 건물들이 우르크와 바빌론에도 세워졌다. 새로운 도시들과 재건된 도시들은 이란인, 아람인, 아라비아인, 유다인 이민자를 많이 끌어들였다. 메소포타미아는 다시 한번 여러 민족과 문화가 뒤섞인 커다란 용광로가 되었다. 고대 수메르-아카드 문명의 마지막 보루인 바빌론과 우르크는 전쟁으로 심각한 피해를 입었고, 결국 수메르-아카드 문명은 이 모든 외래문화의 영향으로 결국 사라지게 되었다. 남은 것은 그리스 문명으로 비옥해진 이란 문화였다. 이 문화는 후일 사산조 페르시아 시대에 새로운 추진력을 얻게 되었다.

철학과 종교의 전파

그리스 도시들은 근동 전역에서 그리스 문화가 퍼져나가는 데 근본적인 역할을 담당하였다. 수만 명의 그리스인이 그들의 언어와 종교, 교육제도와 전통을 유지한 채 근동의 도시들로 몰려들었다. 학자와 수사학자, 문법과 문학, 지리학, 음악이론과 그 밖의 과목들을 가르치는 교사들 대부분이 그리스 도시에 정착하였다. 부유한 시민들은 자식에게 엘리트 문화를 가르치기 위해 개인교사를 고용하였다. 아이들은 신체적 훈련도 받았다. 많은 도시들이 올림픽 게임을 본떠 운동경기를 개최하였다. 운동선수가 직업이 되기 시작했고, 이 변화는 로마시대에 들어서면서 더욱 분명해졌다. 그리스 문화의 모든 측면은 체육관에서 가르치고, 연습되었다. 자존심이 강한 도시들에서는 신전과 도시행정을 위한 관청 외에도 극장을 갖고 있었다.

곧 비슷한 그리스 건물들이 근동 도시들에도 나타났다. 이들 도시의 명사들은 그리스어를 익히고, 다양한 범위로 그리스의 관습을 받아들였다. 하지만 이런 '그리스화(Hellenising)'의 영향력은 주로 이 근동 도시들의 상류층에만 해당된다는 것을 잊지 말아야 한다. 이 그리스 문화의 얇은 판 아래에는 토착 문화가 살아 숨쉬고 있었다. 예를 들어 바빌로니아에서는 여전히 연대기, 천문 관찰 일지, 점성 천궁도(horoscope), 계약서를 쐐기문자로 썼다. 심지어 이 시기에는 수메르의 종교문학이 부흥했던 것도 볼 수 있다. 이집트에서 신전은 계속 이집트 양식으로 지어졌고, 신전의 벽은 신성문자로 장식되었다. 그리스어로 쓰였던 것 이외에도 이집트 문자로 쓰였던 많은 헬레니즘 시대의 파피루스 두루마리가 지금도 남아 있다. 그리스어로 자기 민족의 역사와 문화에 관해서 서술한 토착민 작가들은 정복자들에 대한 일종의 민족적 자존심을 저버린 것이었다. 그런 감정은 예를 들어 이집트인 마네토, 바빌로니아인 베로소스(Berossos)의 여러 작품과 로마 제정 초기(서기 70년경)에 살았던 유다 출신의 플라위우스 요세푸스(Flavius Josephus)의 작품 등에서 분명하게 드러난다.

근동 문화와 그리스 문화가 새로운 헬레니즘 문화로 융합된 점은 거의 없었다. 예를 들어 그리스와 근동의 건축양식은 나란히 발견된다. 이집트인의 무덤의 벽화에서 보이는 것들도 마찬가지이다. 때때로 건물이나 벽의 그림들에서 양자의 양식

요소들이 나타나지만, 항상 조화롭게 나타나는 것은 아니다. 이 문화적 분열은 앞으로 다룰 헬레니즘 문명의 종교, 철학, 과학 분야에서도 역시 새겨두어야 할 부분이다.

철학, 개인의 윤리와 행복

헬레니즘 세계가 되면서 그리스 폴리스들은 더 이상 독립적인 정치적 입장을 갖지 못하게 되었고, 이 사실은 폴리스적인 사고에 기준을 두고 발전했던 그리스 철학에도 영향을 미치게 되었다. 헬레니즘 시대가 되어서도 철학은 여전히 아테나이가 그 중심적인 역할을 하고 있었지만, 인간은 이제 하나의 폴리스에만 소속되어 있는 폴리스의 시민이 아니었다. 이제 보다 넓고 단일한 세계가 일개 폴리스밖에 몰랐던 인간에게 펼쳐졌고, 그 결과 '세계시민(cosmopolitan)'이 나타났다. 하지만, 인간은 세계시민인 동시에 어디에도 귀속하지 못하는 '개인'이기도 했다. 말하자면, 세계화 시대가 되면서 개인주의가 본격적으로 시작된 것이다. 이제 철학자들은 인간을 시민단의 일원이 아니라, 보다 개인적인 존재로 파악하기 시작했다. 다시 말해, 폴리스 속에서의 사회적 책임과 윤리를 강조하던 철학의 관심은 개인적인 책임과 윤리, 그리고 개인이 어떻게 해서 행복을 얻을 수 있는지 하는 문제로 옮겨지게 되었다. 그리고 그 행복을 찾기 위한 길을 이제까지와는 다른 방식으로 제시하게 되었다. 그 중에 가장 특출한 것은 스토아 학파(Stoicism), 에피쿠로스 학파(Epicureanism), 견유학파(犬儒學派, Cynicism)였다.

고전기가 끝나면서 아테나이는 그 정치적 영향력과 경제적 중심지로서의 위치를 상당히 상실하였지만, 여전히 당대 최고의 학문과 예술의 중심지 중의 하나였다. 특히 소크라테스의 제자인 플라톤(Platon)이 설립했던 아카데메이아(Academeia, 아카데미)와 아리스토텔레스가 가르쳤던 뤼케이온(Lykeion)은 여전히 중요한 학원으로 자리잡고 있었다. 그들 역시 달라진 시대적 상황에 맞추어 제자들을 가르치고 있었지만, 새롭게 나타난 세 학파는 아카데메이아, 뤼케이온보다 훨씬 더 중요했다. 이 셋 중에 보다 나중에까지, 특히 로마 제국에서 큰 영향력을 가지며, 후세에 영향을 미친 것은 스토아 학파였다.

창설자인 키티온(Kition) 출신의 제논(Zenon, 기원전 335~263년)이 학생들을 가르쳤던 채색 회랑, 즉 스토아 포이킬레(Stoa Poikile)의 이름을 딴 스토아 학파는 감성에 대한 이성의 우위를 주장했다. 그들이 볼 때, 행복이란 '마음의 안정', 즉 아파테이아(apatheia)를 갖고 유지하는 데 있었다. 이 안정은 이성적인 힘에 의해 얻을 수 있고, 유지되는 것으로서, 이성(logos, 로고스)은 우주 전체에 널리 퍼져있는 자연의 질서이기도 했고, 신(theos)과도 같은 성격의 것이었다. 인간이 이성에 따라 생활할 수 있는 방법은 덕스럽게 생활하는 것이었다.

자연의 질서이기도 하고, 신적이기도 한 이 힘은 모든 것을 통제하며, 어느 부분은 인간에게도 존재한다. 만물은 고유한 목적을 갖고 있으며, 자연 질서 속에서 자신의 고유한 위치를 차지하고 있다. 따라서 인간은 일생 동안 어떤 일이 일어나건 마음이 평정한 상태에서 이를 받아들여야 하며, 반드시 이성 혹은 자연에 따라 살아야 한다. 스토아 학파 사람들에게 '자유'란 마음의 불안으로부터의 자유이며, 도덕적 자유로서 폴리스에서 향유하던 정치적 자유와는 전혀 다른 것이었다. 제논의 후계자인 클레안테스(Kleanthes, 기원전 331~323년)와 파나이티오스(Panaitios, 기원전 185~109년경) 같은 이들은 제논의 가르침을 조금씩 수정해서 가르쳤지만, 그 근본에서 크게 벗어나지는 않았다. 한편 스토아 학파의 가르침은 로마인의 구미에 딱 들어맞는 것이었다. 공공에 대한 봉사와 소박한 삶을 목표로 하던 로마인은 스토아의 가르침을 받아들이는 데 별 거리낌이 없었고, 서기 1~2세기에는 상당수의 로마 엘리트들이 스토아 학파의 가르침을 따르게 되었다. 그 중에 대표적인 인물로는 유명한 철학자 황제인 마르쿠스 아우렐리우스(Marcus Aurelius, 서기 161~180년 재위)가 있다. 스토아 학파의 가르침은 시기별로 조금씩 달라지는데, 각각 초기 스토아, 중기 스토아, 후기 스토아로 나뉜다.

사모스(Samos) 섬 출신의 에피쿠로스(Epicuros)는 기원전 307~306년경에 아테나이에서 정원이 딸린 집을 사들여 자신의 학원을 세웠다. 그는 쾌락, 즉 즐거움을 최고의 이상으로 간주하였기 때문에 불필요한 오해를 받아 오늘날 영어에서 epicurean이라는 단어의 뜻에는 '향락주의의', '사치스러운 음식을 즐기는'이라는 의미가 내포되어 있다. 하지만, 그에게 있어 즐거움이란 방탕한 삶에서 얻어지는 것이 아니라, 열망과 두려움에서 스스로 해방될 때 얻어지는 것이었다. 에피쿠로스가 말하는 즐거움은 욕구를 만족시키는 행위에 있는 것이 아니라, 욕구가 충족된 상태에서 나타나는 것이었다. 따라서 안정된 마음의 상태인 아타락시아(ataraxia)의 상태에서 나타나는 즐거움은 보다 저급한 상태의 즐거움인 육체의 쾌락보다 훨씬 더 중요했다. 따라서 그는 인간의 삶을 공포로 몰아넣는 악령(daimon)이나 마술, 미신 따위에 대해서는 좋은 감정을 가질 수 없었다. 모든 것이 원자라는 극미량의 원소로 구성되어 있다고 믿은 기원전 6세기의 자연철학자 데모크리토스(Demokritos, 기원전 460~370년경)처럼, 에피쿠로스는 모든 것은 원자로 구성되어 있다고 믿었다. 그리고 그의 견해에 따르면 이 원자들의 움직임은 영적인 힘에 의해 통제되지 않고, 우연에 따라 좌우되었다. 이는 또한 사람이 갈망할 수 있는 모든 것이 개인적인 행복이 되는 주요한 이유이기도 했다. 그러므로 죽은 다음, 원자들이 해체되면 다른 삶이 없다는 것을 깨달아 정치적 야망이나, 모든 야심과 욕심을 버리고 제한된 수의 가까운 사람들끼리 모여 안정적이고 온유한 교우관계를 맺는 것이 가장 좋은 것이었다. 이 가까운 사람들이 모인 곳을 에피쿠로스의 '쾌락의 정원'이라고도 부르거니와, 마치 중국의 '죽림칠현(竹林七賢)'의 고사를 떠올리게도 한다. 당대의 추종자들은 에피쿠로스를 '소테르(soter)', 즉 구주[22]로 부르기도 했다. 그들이 보기에 에피쿠로스는 악령과 운명이 지배하는 어둡고, 비참한 삶에서 희망을 제시하고 보여준 사람이었던 것이다. 훗날의 로마인 중에서 유명한 에피쿠로스주의자로는 루크레티우스(Lucretius)가 있다.

견유학파라는 이름은 상당히 기묘하다. 우선, 그리스어로 이들 견유학파의 철학자들을 '퀴니코이(kynikoi)'라고 불렀다. 이 말은 이 학파의 창시자로 간주되는 시노페(Sinope) 출신의 디오게네스(Diogenes, 기원전 400~325년경)가 '개(kyno)'라는 별명을 가졌기 때문이라고도 하고, 디오게네스에게 철학적 영향을 크게 미쳤다고 하는 안티스테네스(Anthistenes)가 가르쳤던 곳인 퀴노사르게스(Kynosarges)에서 따왔다고 보기도 한다. 어쨌거나, 이들은 마치 '개처럼(kynicos)' 살았다. 물론 이 말은 나쁜 의미로 한 것이 아니다. 디오게네스는 모든 인습을 거부했고, 아무것도 소유하지 않으려고 애쓰면서, '부끄러움 없음(anaideia)'이라는 원칙을 실천하며 살려고 애썼다. 그는 통속의 철학자로 불리며, 알렉산드로스 대왕이 찾아왔을 때, "태양빛을 받을 수 있도록, 좀 비켜주시구려"라고 말했고, 알렉산드로스가 이를 꾸짖는 부하들에게 "내가 알렉산드로스가 아니라면, 디오게네스가 되고 싶다"고 했던 일화는 유명하다. 이 일화가 사실인지 아닌지는 판별하기 어려우나, 고대인 역시도 그럴 듯하다고 생각했던 것 같다.

그가 주장했던 주요한 원칙들은 다음과 같다. 행복이란 사람의 자연적인 욕구를 가장 돈들이지 않고, 쉬운 방법으로 해결할 때 얻어진다. 자연스러운 것은 불명예스럽거나 상스러운 것이 아니므로, 여러 사람 앞에서도 자연적 욕구를 해결할 수 있다. 이런 원칙에 배치되는 인습은 부자연스러운 것으로 버려야 마땅하다. 말하자면 그는 당대의 전통적인 생활방식에 반항하였고, 인간은 완전히 자급자족적이어야만 한다고 가르쳤다. 가장 행복한 사람은 아무것 없이도 살아갈 수 있는 사람이었다. 견유학파 사람들은 지적인 교육을 거의 강조하지 않았다. 그들의 견해에 따르면, 가장 고결한 인간이 자동적으로 최고의 왕이 된다. 그런 사람은 자신의 왕국을 어떻게 다스려야 할지를 이미 알고 있기 때문에, 교육을 받을 필요가 없다. 이 학파 사람들은 먹을 것을 구걸하고, 시장에서 설교하면서 그리스 도시들을 여행하였다. 견유학파는 기원전 3세기에 융성하다가, 기원전 2~1세기에 점차 그 영향력을 잃었다. 그러나 로마의 웨스파시아누스(Vespasianus, 베스파시아누스) 황제와 그의 후계 황제들의 시대에 동방과 로마에는 상당한 추종자들이 있었다.

종교, 신화와 과학의 세계

신관념의 변화

헬레니즘 시대가 되면 이제 더 이상 올륌포스의 신들에 대해 호메로스의 서사시에 나오는 것과 같은 관념을 갖지 않게 된다. 그리고 근동의 신들에 대한 숭배도 보다 넓게 자리잡게 된다. 물론 예전처럼 여전히 그리스의 신들은 숭배되었지만, 많은 동방의 신들이 그리스인에게도 숭배되었고, 때로는 올림포스 신들과 동일시되었다. 사실 그리스의 종교관, 신에 관한 관념에는 언제나 외래적 요소가 있었다. 이미 그리스 신화에서 아프로디테(Aphrodithe)가 서풍을 타고 그리스로 왔다는 것은 아프로디테는 동방의 여신이었고, 이 여신 숭배가 그리스 세계로 전해졌다는 것을 의미한다. 아프로디테는 메소포타미아의 사랑과 풍요의 여신 이슈타르(Ishtar) 여신이었던 것으로 보인다. 뿐만 아니라, 포도주와 도취의 신 디오뉘소스(Dionysos, 디오니소스) 역시 서방, 아마도 트라키아 지방의 신이 그리스의 신화 세계에 접합되었다고 일반적으로 평가되고 있다. 그리고 헬레니즘 시기가 되기 이전의 그리스 세계에서 이미 예전의 인격적이고, 때로는 비이성적인 행동을 저지르는 신들에 대한 관념이 변해가는 징후들이 보였고, 기원전 4세기가 되면 그 과정이 좀더 구체적으로 나타나게 된다. 그로 인해 세계를 움직이는 이성적인 힘을 주재하는 신이라는 조금 더 일신교에 가까운 관념들이 철학자들에 의해 등장하게 되었고, 그와 함께 예전부터 존재해 왔던 비의(秘儀, mystery)에 대한 관심이 더욱더 높아졌다.

이런 신관념의 변화는 헬레니즘 시대에도 계속 진행되었다. 그리하여 보다 많은 사람들이 고대 올림포스의 신들에 대한 전통적인 믿음을 상실하기 시작했다. 물론 사람들이 이젠 올림포스의 신들을 믿지 않는다거나, 예전보다 비종교적이 되었던 것은 아니다. 헬레니즘 시대는 상당히 정치적·사회적·심리적 혼란이 많았던 시기이고, 이런 시기일수록 인간이 기댈 무언가를 열렬히 찾는 것은 당연한 일이기 때문이다. 철학의 분야에서 사람들이 어떻게 사고하고, 행동해야 할지를 새롭게 사색하게 되었다면, 이는 종교 분야에서도 마찬가지였다. 올림포스의 신들, 그 중에서도 제우스와 아폴론은 더 이상 제멋대로, 마음 내키는 대로 행동하는 인간적인 신들이 아니었다. 특히 제우스는 이제 여러 여신과 인간 여성들을 쫓아다니던 바람둥이 이미지를 벗고, 우주의 주재자이며 만유의 질서를 주관하는 엄숙한 신으로 그 성격이 변하게 된다. 이는 헬레니즘 철학자들이 생각했던 종교에 대한 관념에서도 잘 드러나고 있다. 기원전 5세기의 그리스 시인 핀다로스(Pindaros)는 역사적인 이야기(로고스, *logos*)와 시적 이야기(뮈토스, *mythos*)를 구분했거니와, 스토아 철학자들은 다신교적인 신화, 즉 뮈토스는 유일하고, 보편적이며 자연적인 실재, 즉 이성인 로고스를 비유적으로 표현한 것이라고 보았다.

사실상 고전기까지의 그리스 종교는 사회적 문제와 떼려야 뗄 수 없을 정도로 연결되어 있었다. 도시 수호신의 숭배는 폴리스의 고유한 기능 중의 하나였던 것이다. 그러나 이런 수호신들과 전통적인 호메로스 서사시 속의 신들과 그들의 행위는 삶과 죽음, 필멸과 불멸 같은 인간의 근본적 물음에 대한 답변으로 적당치 못했다. 그리하여 여러 사상가와 종교인, 철학자들의 탐구의 결과, 우주의 본질이 되는 제1원리, 즉 우주질서의 근본적인 구심점이자 동인(動因)이 신이라는 관념이 기원전 6세기부터 본격적으로 나타나기 시작했다. 그리고 이런 관념의 성장은 플라톤에게서 잘 정리되었다. 플라톤이 사색하고 찾았던 것은 만물 속에 있는 질서의 제1원리이며, 문명이 자라난 근본적인 존재의 상징인 신이었다. 이후 나타난 신에 대한 추상적 사고의 발달은 바로 플라톤에게서 시작된 것이다.

고대 신들의 영향력 감소는 지배자 숭배의 출현에서도 잘 볼 수 있다. 지배자는 구세주이자 은인으로서 사람들 사이에 살아있는 신으로 간주되었다. 기원전 307년에 마케도니아 수비대로부터 아테나이를 해방시켰던 데메트리오스 폴리오르케테스는 그의 아버지인 외눈 안티고노스와 함께 신성한 구세주로 존경받았다. 특히 그리스 도시들에서 널리 퍼지게 되었던 이 자연발생적인 지배자 숭배는 죽은 영웅들과 나중에 사망한 그들의 친척에게 신적인 존경을 표시하는 그리스의 관습의 결과라고 보기도 한다. 그리고 셀레우코스와 프톨레마이오스 왕국의 왕들은 국가 숭배의식을 조직하면서 먼저 죽은 조상들을, 그리고 후에는 자신들과 왕비들까지도 그 숭배의식에 집어넣었다.

대중적 비의 종교 : 엘레우시스 비의, 사라피스 숭배, 미트라교

한편 이 변화와 함께 헬레니즘 세계에서는 보다 개인적인 종교, 즉 국가나 도시, 공동체적인 숭배가 아닌 개인의 정신적 안정과 귀의를 위한 종교가 보다 널리 성행하였다. 그 대표적인 예를 들면 데메테르(Demeter) 여신을 숭배하는 그리스의 엘레우시스(Eleusis) 비의, 이집트의 프톨레마이오스 왕조가 전통적인 이집트의 신 오시리스 숭배를 변모시켜 새로이 재구성한 사라피스 숭배(혹은 종교), 근동 지역에서 널리 퍼졌고, 후에는 로마 제국에서 널리 믿어졌던 미트라교(Mithraism)일 것이다. 물론 그 밖에도 오르페우스교(Orphism) 등의 다른 종교들도 상당히 많은 신자들을 보유하고 있었지만, 이 글에서는 그리스와 예전의 메소포타미아 문명이 있던 지역, 이집트, 이 세 곳에서 나타난 대표적인 비의들만을 주로 살펴보겠다.

먼저, 데메테르 숭배가 의식화되었던 엘레우시스는 아테나이에서 그리 멀지 않은 지역이었다. 이곳은 대지의 여신 데메테르의 딸 페르세포네(Persephone)가 저승의 왕이자 지하의 신인 하데스(Hades)에게 납치당했을 때, 딸을 찾아다니던 데메테르가 머물렀던 곳으로서, 데메테르가 현신하여 자신을 숭배하는 의식을 만들라고 했다는 곳이다. 그리고 잘 알려진 페르세포네의 이야기가 계속된다. 데메테르가 엘레우시스의 신전에 칩거하면서 세상을 황폐하게 만들자, 제우스가 중재에 나서 페르세포네가 되돌아오게 되었다. 그러나 페르세포네는 지하에서 석류 열매를 맛보았기 때문에 한 해의 1/3은 지하에서 지내야만 했다. 어쨌거나 딸을 찾아 기뻐하던 여신은 올륌포스로 떠나면서 엘레우시스의 왕들에게 여신을 위한 제사의식을 보여주고, 여러 비의들을 가르쳤다.

엘레우시스 비의는 본래 농경신앙을 바탕으로 지모신(地母

神), 즉 '위대한 어머니'를 섬기던 신앙이 발전되어 나온 것으로 보인다. 사실 데메테르와 페르세포네의 이야기에는 이집트의 오시리스 신과 이시스(Isis) 여신의 신화, 메소포타미아의 이슈타르 여신과 지하세계로 끌려갔던 그녀의 남편 탐무즈(Tammuz) 신화와의 공통점을 발견할 수 있다. 즉, 계절의 변화와 식물의 죽음과 부활이 이 신화들의 모티프가 되었다는 것이다. 그리하여 엘레우시스 비의에는 풍년에 대한 기원과 아울러 사후세계에서의 축복을 기대하는 면을 찾아볼 수 있다. 그리고 동시에 규정된 입교자들에게만 비의를 전수하는 대단히 개인적인 종교였으며, 비록 아테나이의 국가의식에 통합되기도 했지만, 이런 개인적인 특성 때문에 헬레니즘 시대에는 여러 곳으로 전파되기에 이른다.

라틴어로는 세라피스(Serapis)라고도 부르는 사라피스 숭배의식은 이집트의 프톨레마이오스 1세가 확립시켰다고 전해진다. 사라피스 숭배는 예전 이집트의 전통적인 최고신 오시리스 숭배와 성우(聖牛) 아피스(Apis) 숭배가 결합되어 나타난 것으로 알렉산드리아에서 그 의식이 확립되었다. 사라피스 숭배는 이시스 숭배와 같이 이집트 왕가에 봉사했던 그리스인과 마케도니아인에 의해 헬레니즘 세계에서 빠르게 퍼지게 되었다. 그러나 흥미롭게도 알렉산드리아에서는 그리 빠르게 성장하지 못했다. 사라피스 숭배의식을 만드는 데 일조했던 이집트 사제 마네토가 그리스어를 알고 있었으므로, 헬레니즘 세계의 다른 여러 신들의 특징이 오시리스와 결합되었다. 사라피스는 온화하고, 수염을 기른 제우스 같은 용모를 하고 있으며, 앉아있는 오른쪽 무릎에는 머리 셋 달린 지옥의 개 케르베로스(Kerberos)가 웅크리고 있는 것으로 묘사된다. 그의 오른손에는 제우스나 의술의 신 아스클레피오스(Asklepios) 같은 홀이 들려있다. 사라피스는 병자를 고쳐주고, 기적을 행하며, 운명의 여신보다 강력한 존재이다. 하지만 여전히 오시리스처럼 지하 신의 성격도 갖고 있다. 그리스인에게 사라피스는 제우스, 아스클레피오스와 동일시되었을 뿐 아니라 때로는 다른 신들, 예컨대 디오뉘소스, 헬리오스(Helios), 유피테르(Jupiter)와 동일시되기도 했다. 그리스 이외의 지역에서 사라피스를 숭배할 때에는 이시스, 아누비스(Anubis) 같은 이집트의 신들도 같이 숭배되었다.

비의 종교 중에서 마지막으로 설명하게 될 미트라교는 그리스도교와 많은 유사점을 보여주고 있고, 여러 면에서 서로 비교되기도 한다. 특히 이 두 개의 종교는 서기 3~4세기에 로마제국에서 서로 경쟁했던 양상을 보여준다. 두 종교 모두 속죄와 카타르시스적인 예배와 성찬식을 가진다. 그러나 그리스도교는 광범위하고 보편적인 청중을 대상으로 한 것에 비해, 미트라교는 소수의 선발된 입문자들만을 대상으로 했다. 이 차이는 결정적이어서, 수 세기 동안 배타적이고, 신비적이며 비밀스러운 성격을 지닌 미트라교의 운명을 결정지었다. 페르시아에서 발생한 미트라교는 인도와 페르시아의 신인 미트라스(Mithras)에서 그 이름을 따왔다. 동방에서는 언제나 태양과 동일시되는 미트라스는 부족들 사이에 맺어진 협정을 보증하는 신이고, 모든 종류의 맹서와 계약의 신이며, 정착 농경생활의 평화와 안정을 지속시켜주는 일상생활의 관례를 지키는 신이었다. 미트라스에 대해 더 알고 싶다면, 자라투스트라(Zarathustra) 혹은 조로아스트레르(Zoroastrer)의 개혁을 적어둔 페르시아의 성서 아베스타(Avesta)를 꼭 보아야 할 것이다. 옛 아리아인의 자연숭배에 비교해 볼 때, 일신론적인 성격을 가지게 되는 이 변화는 기원전 7세기와 6세기 사이에 성공적으로 정착되었다. 신들의 위계의 정점에는 순수하고 완벽한 이해의 원천이며, 모든 좋은 창조물을 굽어보는 '현명하신 주', 아후라 마즈다(Ahura Mazda)가 도입되었다. 아후라 마즈다의 일을 돕는 존재들로 6명의 '불멸의 성자들', 아메샤 스펜타(Amesha Spenta)가 있다. 이들은 그와 영원히 함께 하는 현현체이며, 그의 정의와 진실, 순수함을 보증하는 존재들이다. 이런 고위 신격들과 함께 종속적인 천사들도 있었다. 이 천사들의 장은 아후라 마즈다의 판테온의 일부를 형성한 아리아인의 신 미트라스였다.

미트라스 신의 이런 속성은 점차 변화하여 심지어 고대 페르시아에서도 호전적인 군신의 성격을 갖게 되었고, 로마 제국 전역에 퍼진 종교로 풍미하게 했던 것은 바로 이런 새로운 성격 때문이었다. 미트라교가 그리스에 알려졌을 때, 미트라교는 즉각적으로 환영받았고, 그 입문의례와 속죄의식의 성격 때문에 빠르게 지중해 전역에 퍼졌으며, 심지어 북유럽까지 전파되었다. 그러나 서방에서 미트라교는 원래와는 매우 다른 새로운 성격을 가지게 되었다. 복잡한 발전과정 속에서 페르시아와 인도 종교에 있는 원래의 조로아스터적인(혹은 마즈다적인) 요소들은 후기 칼데아와 바빌로니아의 교리와 전례, 특히 점성학, 점성술, 페르시아 성직자인 마기(magi)[23]의 마술-종교적 교리로 대체되었다. 로마의 미트라교는 원래의 미트라스의 성격에 매우 다른 속성을 부여하는 제신 혼합적(syncretic) 과정의 결과였고, 그리하여 신비적이고 속죄적인 측면이 우세하게 되었다. 로마의 미트라스 숭배는 서기 3세기에 절정에 달했고, 서로마 제국의 몰락과 때를 같이 하여 서기 4세기 말이 되면 그리스도교의 전파에 따라 그리스도교에 자리를 내주었다.

미트라교를 보다 잘 이해하기 위해서는 미트라스의 신화를 알 필요가 있다. 어느 날, 젊고 아름다운 신 미트라스는 하늘의 견고한 창공에서 빛으로 나타나 강둑의 성스러운 나무 그늘 아래의 바위에서 태어났다. 몇몇 목동들만이 이 기적적인 탄생을 지켜보았다. 그들은 벌거벗은 몸에 단검을 들고, 손에는 횃불을 든 채, 머리에 퓌리기아(Phyrigia) 모자를 쓰고 바위에서 걸어 나오는 미트라스를 보았다. 목동들은 그에게 쉴 곳을 제공하고, 선물을 바치고 경배하였다. 탄생한 이후에 미트라스는 우주의 악을 정복하려 애쓰는 영웅적인 행위를 시작하였다.

그는 태양신에게 도전하여 그를 패배시키고 동맹 조약을 맺은 뒤, 태양신의 빛나는 왕관을 넘겨받았다. 그후 햇살이 사방으로 퍼져나가는 이 왕관은 그의 특징 중의 하나가 되었다.

그 다음으로는 야생 황소와의 사건이 있었다. 미트라스는 황소를 사로잡고, 황소를 자신의 동굴(specus)로 데려갔는데, 그 길은 수많은 난관으로 채워져 있는 비교적 어려운 과업이었다. 그러나 황소는 도망쳤고, 이를 목격한 태양신은 사자(messenger)인 라벤(Raven)을 보내 황소를 죽이라고 명했다. 미트라스는 주저하면서 그 과업을 수행하였다. 그는 충실한 개의 도움을 받아 황소를 쫓기 시작했다. 황소가 도망친 동굴에서 은신처를 찾으려고 할 때, 미트라스는 황소의 콧구멍을 잡고 단검으로 옆구리를 찔렀다. 그러자 죽어가는 황소의 옆구리에서 대지에 서식하게 될 유익한 식물들이 쏟아져 나왔다. 등뼈에서는 밀이, 피에서는 포도나무가 나왔다. 많은 생명의 출현을 수동적으로 보고 있을 수 없었던 악의 신 아리만(Ahriman)은 이같이 삶에 가져다주는 힘에 대항하여 싸우라며 자신의 종자인 전갈과 뱀을 보냈다. 그러나 그의 시도는 실패했고, 결국 아리만은 달의 신이 계획했던 바, 즉 모든 유용한 동물을 낳게 하기 위해 황소의 정액이 땅에 뿌려지는 것을 막지 못했다. 미트라스와 태양신은 축제(agape)로써 그들의 승리를 확인하였고, 태양신의 전차에 올라 승천한 미트라스는 그 후 계속하여 신실한 이들을 돌보았다. '바위에서 태어난 무적의 신' 미트라스는 사실상 '태양의 탄생일(natalis solis)', 즉 12월 25일[24]에 태어났다. 그는 빛을 뿜는 왕관과 생명을 주는 태양의 능력을 취하고, 앞서 보았듯이 태양과 밀접한 동맹관계를 맺음으로써 사실상 태양신 자체가 되었다.

예술과 과학의 전파

예술 : 리얼리즘의 추구

헬레니즘 시대에 들어서면 다른 분야와 마찬가지로 건축에서도 주요한 변화가 일어났다. 고전기에 여러 가지 문화적인 면에서 영광의 절정에 있던 그리스 본토는 이제 헬레니즘 군주들이 선전용으로 제공해준 공공건물이나 신전 등의 예외를 제외하고는 전반적으로 중요하지 않게 되었다. 신전을 건축해서 헌정하는 행위는 여전히 기증자에게 커다란 명망을 가져다주는 것이었다. 이제 코린토스 양식이 특히 동부 지중해에서 일반화되어, 이 지역에서 코린토스 양식의 신전들이 처음으로 나타났다. 이오니아 지방의 도시들과 로데스 섬은 이 시대에도 계속 번영했지만, 지중해 동부의 세계는 마케도니아의 펠라(Pella), 시리아의 안티오케이아, 이집트의 알렉산드리아에 수도를 갖고 있는 헬레니즘 왕국들에 의해 좌우되었다. 그리스 문화가 동쪽으로 퍼져나갔기 때문에, 그리스 건축도 다시 한번, 이집트, 메소포타미아, 페르시아의 영향을 받았다. 그러나 전반적으로 헬레니즘 건축의 근본적인 특징은 그리스적이었다.

한편 이 시기 아테나이는 예술 생산의 중심지 중의 하나로 남아 있어서, 아테나이에서는 고전기 작품들의 모작들을 대량으로 생산해 내었다. 그러므로 헬레니즘 예술의 특징적이고 긍정적인 측면은 다른 면에서 찾을 수 있다. 즉, 헬레니즘 예술은 리얼리즘을 추구한다. 고전기의 그리스 예술의 경향처럼 대상을 이상화시키지 않고 보이는 그대로 외양을 모사하며, 그 대상의 격렬하거나 본질적인 감정을 보여준다. 이는 알렉산드로스의 주화 양식에 기반을 둔, 헬레니즘 왕들의 주화 초상에서도 찾아볼 수 있다. 이는 사실 기원전 4세기에 소아시아에서 먼저 시작되었고, 기원전 400년경의 군주들인 파르나바조스(Pharnabazos)와 티사페르네스(Tissaphernes)의 주화 초상에서도 그 선구적인 모습을 찾아볼 수 있다. 헬레니즘 시대, 여러 왕국의 군주들의 주화 초상은 그들의 성격과 감정, 때로는 약한 면이나 육체적 결함까지도 묘사되어 인간적인 면모를 나타낸다. 물론 이런 조각 방식은 공공건물을 장식하거나, 지배자 숭배의식을 위해 도시의 곳곳에 쓰였던 수많은 흉상과 공식적인 초상화와는 분명히 달랐다. 그러나 이런 리얼리즘은 무겁고, 어두운 측면이 없었고, 공화정기나 제정 초기 로마 예술의 특징이었던 리얼리즘과도 달랐다. 대부분의 군주는 청년으로 묘사되고, 아무리 정확하게 묘사될지언정 얼굴은 신성화된, 적어도 반은 신성화된 특징에 맞추어 일종의 자애로움으로 빛나고 있었다. 때때로 이 얼굴들은 아주 수수한 느낌을 주기도 하지만, 결코 감상적이지는 않았다.

이러한 표정이 풍부하고 '젊은' 조각은 알렉산드로스의 공식적 조각가였던 뤼시포스(Lysippos)의 영향을 많이 받았다. 꽃이나 화환, 흥겹게 놀기 등을 주제로 삼기 좋아했던 헬레니즘 세계는 인간을 묘사할 때, 주로 청년의 모습을 택했다. 신들 중에서 가장 자주 예술의 소재로 등장했던 헤르메스(Hermes)와 아폴론은 주로 젊은이로 묘사되는데, 헤르메스는 사춘기의 모습으로, 아폴론은 막 성년에 접어든 모습으로 묘사되었다. 여기에 종종 디오뉘소스가 추가되었는데, 그는 인도를 정복하는 청년의 모습으로 나타났다. 여신들 중에서는 아르테미스(Artemis)와 아프로디테가 가장 인기 있는 주제였다. 이 두 여신은 '실제' 여성처럼 묘사되었고, 여성성의 두 측면을 나타내는 것으로 묘사되었다. 즉, 활발하고 씩씩한 젊은 처녀의 모습과 사랑의 제스처를 보이는 관능적인 여성의 모습으로 묘사되었다. 그러나 이런 식으로 묘사된 아름다운 육체에는 끈적끈적한 육욕이나 불안정함이 없었다.

이런 헬레니즘 예술양식은 종종 알렉산드리아 풍이라고 불린다. 그러나 이 말은 알렉산드리아의 예술을 묘사할 때만 쓰였던 때도 있었다. 사실상 고고학적 증거를 보면 프톨레마이오스 왕조의 수도였던 이 도시가 그렇게 예술적으로 우월하다고 판단할 수 없다. 물론, 알렉산드리아에는 예술가들과 예술품 제작공방이 많았고, 세공사, 금세공인, 작은 조각상이나 생생한 그림자 그림(silhouette) 같은 것들을 만드는 사람은 많았다. 특히 그림자 그림들의 주제는 늙은 어부, 젊음이 사라진 것을 아쉬워하며 취하도록 술을 마시는 노파, 거위와 놀고 있는 아이 같은 일상의 거리와 부두에서 흔히 볼 수 있는 것들이었지만, 풍자적인 의도 속에는 한편 동정과 공감의 의식도 깔려있었다. 알렉산드리아에서는 장식에 야채나 꽃을 주제로 하는 것이 널리 유행했다. 이 유행은 금속제 술잔에 부조로 새겨진 화환의 묘사에서 나왔겠지만, 곧 모든 종류의 장식에 널리 퍼지게 되었다.

한편 건물 벽의 벽화 등으로나 쓰여서 오랫동안 건축의 보조물 정도로 여겨져 왔던 회화가 중요한 위치를 차지하게 되어 심지어 조각의 라이벌이 되기까지 했다. 서사시나 비극에서 직접 영감을 받았던 고전기의 장대한 구성은 인물이 화면의 전부 혹은 대부분을 차지하지 않는 보다 극적이지 않은 장면으로 바뀌었다. 이카로스(Ikaros, 이카루스)의 비행이나, 낙소스(Nakos)의 돌 많은 해안가에 아리아드네(Ariadne)를 유기한다거나, 님프(nymph)와 헤라클레스의 사랑 등의 장면에서 배경으로 사용되는 야외 풍경이나 바다 풍경이 자연주의적 방법으로 묘사되었다.

헬레니즘 예술의 또 다른 중심지는 페르가몬이었다. 이 '페르가몬 학파'가 실제로 아티카 학파를 계승했던 것은 아테나이인 조각가 니케라토스(Nikeratos)와 퓌로마코스(Phyramachos)에 의해 창설되었기 때문이다. 그들은 켈트족의 한 갈래인 갈라티아인에 대한 승리를 청동에 조각하기를 원했던 에우메네스 1세(Eumenes)에 의해 페르가몬의 왕궁에 초빙되었다. 그러나 아티카 양식과는 매우 다른 독특한 양식이 아시아의 토양에 뿌리내리는 데는 그리 오래 걸리지 않았다. 갈라티아인의 침공으로 나타난 극적 사건들, 수년을 끌었던 전투의 끔찍함, 야만족의 '난폭한 행위' 등을 묘사하기 위해서는 감정적이고 거친 양식을 필요로 했다. 리얼리즘과 인물묘사의 헬레니즘 취향은 여기서 켈트족의 민족적 특성을 탐구하고, 그들의 특이성을 부각시켜 묘사하는 방식으로 만족을 찾았다. 아테나이의 아크로폴리스에 아탈로스(Antalos)가 세운 기념물은 이 조각의 미학적 양식을 퍼뜨리는 데 많은 기여를 했다. 페르가몬 시에 있는 기념물들인 대제단(Great Altar)과 아테나 신전은 아테나이의 아크로폴리스와 비교할 때 보러 오는 사람이 적었다.

페르가몬 예술에서 디오뉘시오스를 주제로 잡는 것은 집요할 정도로 계속되었다. 이 주제에서는 고문 받는 마르쉬아스(Marsyas, 감히 아폴론에게 도전했다가 산채로 껍질이 벗겨졌던 사튀로스)와는 별개로 많은 마이나스, 사튀로스들, 땅과 식물, 풍요의 정령들을 볼 수 있다. 고전기 조각가들이 박쿠스 신도들의 움직임에 일정한 조화가 있는 것으로 묘사했던 반면, 이제는 아주 격렬한 디오뉘소스 제(祭)의 황홀경에 빠져있는 것으로 나타난다. 이 지역은 퀴벨레의 주신제가 지내지는 곳으로 지역적 비의의 영향이 나타난 것은 당연하다. 대제단의 프리즈(띠모양 조각)에 나타난 사자, 거인들과 싸우는 신들, 독수리 등은 고전기 신화와 함께 수메르와 히타이트의 신적 이미지들을 떠올리게 한다.

최근, 시간의 흐름과 맞추어 이야기가 연속적으로 전개되는 프리즈(frieze, 신전에 새겨진 부조)가 페르가몬에서 발견되었다. 이는 아탈로스 왕조의 공식적 신화 중의 하나인 텔레포스(Telephos) 이야기이다. 후에 로마 예술은 이 기술을 채용하여 국가사의 중대한 사건들을 축하하는 데 적용되었다. 다른 헬레니즘 부조들에서처럼 환경과 배경을 묘사하면서 나타났던 생생한 모습이 여기서도 나타난다. 페르가몬 부조에서도 식물, 과일, 화환 등이 사용되었다. 그러나 '알렉산드리아' 예술에서 다루었던 비슷한 주제와는 분명한 차이가 있다. 말하자면, 여기서는 봄보다는 여름이 만개한 것이다. 장미는 만개해 있고, 봉오리가 아니며, 과일도 한창 때를 선호한다. 이는 다른 자연보다 비옥한 땅이다. 이 부조들에는 신들에게 바쳐진 공물도 묘사되는데, 과일과 잎사귀 이외에 의식적인 띠로 장식된 희생 동물의 머리 등이 묘사된다.

이런 식으로 변화된 이유 중의 하나로 예술의 후원자가 바뀌었다는 점을 들 수 있다. 고전기에 그리스 예술가들은 도시나 시민 개인을 위해 주로 일했던 반면, 이제는 모든 권력을 가진 왕이나 왕의 행정장관들로부터 의뢰를 받았다. 그리고 예전에는 시민적 자부심이나 종교적 숭배가 고전기의 위대한 작품을 만드는 영감을 제공했다면, 이제는 새로운 통치 계급의 개인적인 취향과 선전을 위하여 작품을 제작했다. 따라서 헬레니즘 시대에 있었던 과학과 인문학의 발전과 함께, 이러한 상황은 주제의 다변화, 예술의 세속화 경향, 화려한 외양, 보는 사람의 감정을 고양시키기보다는 같이 즐기도록 만드는 예술적 경향 등이 내포된 헬레니즘 예술의 여러 측면을 설명해준다. 로마가 헬레니즘 세계를 장악해감에 따라 이제 세력의 초점은 서쪽으로 옮겨갔고, 로마 제국 내에서도 새로운 후원자가 나타났다. 이제 그리스의 예술가들은 작품 속에 새로운 강대국의 제국주의적 이데올로기를 집어넣기 시작했다.

과학 : 기하학과 천문학의 발전

헬레니즘 시대에 들어오자, 철학과 과학은 더 이상 예전처럼 한몸(자연철학)이 아니었다. 과학은 이집트, 특히 알렉산드리아에서 융성하였다. 알렉산드리아에 도서관까지 포함한 과학적 학문 기관인 '무사이온'을 세운 프톨레마이오스 1세가 과학을 크게 장려하였기 때문이다. 그곳에서 일했던 가장 저명한 학자들 중에는 아리스타르코스(Aristarchos), 에라토스테네스(Erathostenes), 아르키메데스(Archimedes)가 있다.

사모스(Samos)의 아리스타르코스는 태양과 달의 크기, 그리고 이 별들과 지구 사이의 거리에 대한 논문을 썼고, 이 논문 속에서 태양이 우주의 중심이라는 이론을 내놓았다. 그러나 '태양중심설'이라고 부를 수 있는 그의 이론은 대중에게 별로 지지를 받지 못했다. 퀴레네(Kyrene)의 에라토스테네스는 지구 둘레의 길이를 계산했다. 그는 알렉산드리아와 쉬에네(Syene, 오늘날의 아스완 Aswan)에 각각 막대기를 세워 두 지점에서의 그림자의 각도 차이(7.2°)를 측정한 뒤, 원의 각도인 360°를 7.2°로 나누고, 거기에 두 지점 사이의 거리를 곱하여 지구 둘레의 길이를 계산해 내었다. 그러나 문제는 당시의 측정 기구의 불완전성과 측량 기술의 미비로 말미암아 두 지점 사이의 거리가 정밀하게 측정되지 않은 데 있었다. 그럼에도 불구하고 계산되어 나온 거리(46,250㎞)는 오늘날의 계산결과(40,009㎞)와 크게 오차가 나지 않는다. 이는 측정기구의 오차를 감안한다면 거의 같은 거리라고 보아도 좋을 것이다. 사실상, 이 거리가 정밀하다는 것보다, 단순히 기하 이론을 적용하여 지구둘레의 길이를 측정해 내었다는 것이 더 중요한 의의를 가진다. 그 밖에 그는 지리학 분야에서도 많은 업적을 남겼다. 그는 『지구측정론』과 『지리학』이라는 두 권의 저서를 남겨, 지리학, 특히 지도 제작에 큰 공헌을 하였다. 그는 특히 메쎄네(Messene)의 디카이아르코스(Dichaiarkos)가 기원전 300년경에 고안해낸 세계지도를 개정하도 했다.

이탈리아 시실리 섬의 도시인 시라쿠사(Syrakusa)의 아르키메데스는 물의 비중 계산과 군사 기계의 설계로 큰 명성을 얻었다. 물의 비중 계산 과정에서 고민하다가 얻은 깨달음에 흥분하여 목욕을 하다말고, '에우레카(éureka)'를 외치며 거리를 벌거벗고 달렸다는 일화는 상당히 유명하다. 그는 다른 여러 분야(예를 들어 광학, 천문학, 유체역학 등)에서도 많은 기여를 했으며, 제2차 포이니 전쟁 중 많은 군사병기를 만들어 조국 방어에 공헌했으나, 시라쿠사를 공격한 로마군에 의해 목숨을 잃었다. 그리고 이들이 거둔 과학적 업적의 기반에는 흔히 유클리드라는 영어식 발음으로 알려진 에우클리데스(Euklides)의 수학공리의 집대성이 있다. 그가 내놓은 『원리 *Stoicheia*』는 비록 그가 발견하거나 입증한 것들은 아니지만, 그때까지 알려졌던 중요한 수학적 원리들을 체계적으로 집대성하고 설명·증명해놓았으므로, 이후의 수학과 과학의 발달에 크게 공헌하였다. 기원전 5세기에 히포크라테스(Hippocrates)가 기초를 놓았던 의학 역시 헬레니즘 시대에 융성했으며, 크게 인기를 얻었다. 많은 도시들은 의사들을 임명하였고, 그들은 의학적 처치를 제공하였다. 이 시대에 활약했던 의사로는 기원전 3세기 알렉산드리아에서 이름을 날렸던 칼케돈(Chalkedon)의 헤로필로스(Herophilos)와 케오스(Keos)의 에라시스트라토스(Erasistratos)가 있다. 이들은 인체를 해부하여 인체의 장기에 대한 지식을 크게 넓혔다.

우리에게 알려진 바로는 위에서 언급한 과학자들은 모두 그리스인이었고, 따라서 그들의 사상은 근본적으로 그리스적이었다. 그러나 천문학 분야에서 가장 위대한 학자들은 이집트와 바빌론에서 나타났다. 바빌로니아에서는 기원 1세기까지 쐐기문자[25] 형태로 천문 관측을 기록하였다. 어떤 바빌로니아인이 페르시아 제국 시대에 기록된 천문학 자료를 그리스어로 번역하였다고 한다. 헬레니즘 시대 이후에는 이 지역에서 새로운 과학적 업적이 나타나지 않았다.

헬레니즘 시대의 사회상

그리스

그리스가 기원전 4세기에 겪었던 문제들은 헬레니즘 시대에도 계속 나타났다. 가진 자와 가지지 못한 자 간의 간격은 더 넓어졌고, 가난한 민중은 토지개혁과 채무탕감을 계속 요구했으며, 폴리스들은 사회적 갈등으로 인해 계속 분열되었다. 여러 도시국가의 과두 정부는 유혈 폭동으로 전복되었고, 부자들은 약탈당했다. 이 봉기들은 지나치게 급진적이어서 얼마 가지 못하고 끝났다. 과두주의자들은 다시 정권을 되찾을 수 있었다. 많은 도시에서는 일정한 재산 이상을 갖춘 사람들만이 시민권을 가질 수 있었고, 협의회의 구성원이 될 수 있었다.

이는 모든 영향력의 중심이 동쪽으로 이동함에 따라 그리스에서 전통적으로 중요시했던 정치뿐만 아니라 경제의 상당 부분까지 잃어버렸기 때문이다. 먼저 알렉산드로스의 원정 이후, 그리고 '후계자들'의 전쟁 동안 엄청난 양의 화폐가 서방, 즉 마케도니아와 그리스로 쏟아져 들어왔다. 이는 그리스에 급격한 물가 상승을 가져왔다. 여기에 시장의 확대와 여러 종류의 상품에 대한 욕구가 증가하면서 인플레이션 과정을 가속화했다. 그러나 이러한 가격상승이 임금상승으로 연결되지는 않았고, 상당수 주민들의 생활수준은 심각하게 영향을 받았다. 반면 시장의 확대와 가속화된 화폐의 유입으로 인해 생겨난 국제적 무역과 거래의 새로운 전망은 소수의 사회구성원에게만 큰 부를 가져다주었다.

비록 고전기 폴리스에 전형적이었던 소규모 작업장이 기원전 4세기 후반에도 공업생산의 가장 일상적인 형태로 남아 있기는 하였지만, 한편으로는 대규모 작업장들도 발전하였다. 이때 생산된 상당 부분은 수출을 위한 것이었는데, 이는 전적으로 노예노동에 의존한 것이다. 공업 분야에서의 이러한 변화는 상업 분야, 특히 국제 해상무역에 상응한 발전을 수반하였고 금융경제에도 마찬가지였다. 이러한 진행은 경제적으로 발전한 도시국가들에만 한정된 것이 아니었다. 상황과 수단이 다를지라도 펠로폰네소스 반도를 포함한 내륙국가의 농업 분야에도 마찬가지였다.

많은 가난한 사람들이 먹고 사는 몇 안 되는 방법 중의 하나는 헬레니즘 강대국들의 군대에 용병으로 들어가는 것이었고, 그럼으로써 그들은 퇴역병을 위한 식민지에 정착할 수 있는 기회를 잡을 수 있었다. 그 결과 그리스 도시들의 인구는 더욱더 감소했다. 아테나이와 코린토스 같은 예전의 상업도시들은 새롭게 떠오른 강력한 도시들인 이집트의 알렉산드로스, 시리아의 안티오케이아, 로데스 같은 곳에 주요한 무역시장의 자리를 내주었다.

근동

알렉산드로스 대왕이 정복했다고 해서 근동의 경제나 사회적인 면에 커다란 변화가 나타난 것은 아니었다. 이집트의 경제는 재분배 경제로 남아 있었다. 이집트는 어떤 작물을 심는지를 결정하고, 그 작물들의 종자를 준비하는 등의 모든 농업 활동을 통제하였다. 곡식은 국가 계획에 따라서 저장되었고, 개인적인 소매상들은 정해진 가격에 상품을 소비자에게 제공했다. 프톨레마이오스 왕조 정책의 근본적인 목적은 수출하는 곡식과 상품에 고율의 세금과 관세를 부과함으로써 왕의 보고를 귀금속으로 채우는 것이었다. 농민은 고율의 세금으로 인해 살기 힘들었다. 그래서 일부는 파산하고, 땅을 버리고 도망치는 경우도 있었다. 이런 상황은 로마 지배 하에서 더 나빠졌다.

셀레우코스 왕국에서도 역시 경제적 환경은 근본적으로 바뀌지 않았다. 토지는 왕궁과 신전, 개인 지주들의 손에 들어가 있었다. 대부분의 노동은 토착민 농부들이 맡았다. 그들의 사회적 지위에 관해서는 그리 많이 알려져 있지 않다. 많은 농부들은 자신들이 경작하는 토지에 묶여 있어서, 토지가 팔리면 그 거래에 그들도 포함되었다. 그들은 토지를 소유하는 개인이나 기관, 즉 왕·신전·개인 지주나 시민을 위해 일해야 했다. 왕은 가끔 총애하는 사람들에게 넓은 토지와 그에 딸린 마을 전부를 수여하곤 했다. 그리스 경제에서 상당히 중요한 요소였던 노예제는 근동에서는 훨씬 덜 중요했다. 근동 사회는 처음부터 많은 예속민이 있어서 노예의 필요성이 그리 절실하지 않았기 때문이다.

헬레니즘 시대에 들어서는 돈의 유통 규모가 커졌기 때문에 무역이 부흥하게 되었다. 알렉산드로스는 페르시아의 보고에 들어 있던 방대한 양의 금을 유통시켰고, 군대와 함대, 새로운 도시와 건물 계획에 대한 정부의 투자로 인해 산업 수요 또한 증대되었다. 많은 그리스인이 산업도시에서 일했기 때문에 노예가 필요했을 수도 있다. 많은 전쟁에서 사로잡힌 수많은 포로가 노예로 팔렸다. 때때로 포로가 노예시장에서 팔리기 전에 포로의 가족이 몸값을 주고 포로를 찾아오는 경우도 있었지만, 대부분은 로마나 다른 노예 수입국에서 노예로서 삶을 살아야 했다.

정치 체제와 도시

한 세대 전까지만 해도 헬레니즘 시대에 들어서면 고전기와는 달리 군주정적인 정치 형태가 폴리스들의 자리를 대체했다는 주장이 종종 제기되었다. 그러나 이 주장은 일면 옳기도 하고, 일면 그르기도 하다. 헬레니즘 왕국들은 군주정의 국가 체제가 이미 오랫동안 존재했던 지역, 말하자면 이집트, 예전의 페르시아 제국 지역, 마케도니아에 존재했다. 그리스는 여전히 폴리스, 즉 도시국가들의 지역으로 남아 있었다. 더욱이, 대규모 왕국들은 알렉산드로스 대왕의 통치 이전에도 이미 교묘한 정책으로 그리스 도시국가들을 합병하거나 통치했다. 예를 들어 근동 지역의 제국들인 뤼디아와 페르시아는 소아시아 서해안에 있는 도시국가들을 병합하였다. 그리스 본토에 있는 도시국가들의 정치에는 펠로폰네소스 전쟁 이래로 페르시아의 영향력이 짙은 그늘을 드리우고 있었다. 예를 들어 스파르타는 펠로폰네소스 전쟁에서 페르시아의 지원을 받았고, 기원전 386년, 페르시아 왕은 그리스에 개입하여 '왕의 평화(King's peace)' 시대를 열었다. 좀더 훗날에는 마케도니아가 그리스의 정치에 간여하게 되었다. 마케도니아가 간섭한 이후에는 마케도니아 왕이 이끄는 코린토스 동맹(League of Korinthos)이 성립되었다.

그럼에도 불구하고, 헬레니즘 시대에는 새롭고도 중요한 변화들이 나타났다. 먼저 도시국가들은 더 이상 스파르타와 아테나이가 기원전 5세기에 누렸던 것 같은 국제정치 속에서의 중요한 역할을 차지하지 못했다. 이제 대부분의 도시국가들은 주변에 있는 군주들에 의해 좌우되었다. 다음으로 그리스 정치의 주역은 도시국가들이 아니라 연방들의 몫이 되었다. 세 번째 새로운 변화는 근동 전역에 걸친 새로운 그리스 식 도시들의 건설이었다. 이 변화는 실제적으로 이집트에서 오늘날의 아프가니스탄(Afghanistan)에 이르는 지역에 알렉산드리아라는 이름의 여러 도시들을 건설(대략 20개 이상)했던 알렉산드로스 대왕에서부터 시작되었다. 셀레우코스 왕국의 통치자들 역시 새로운 도시들을 많이 세웠고, 이 도시들에 셀레우케이아와 안티오케이아처럼 마케도니아 왕조 식의 이름을 붙였다.

일부 도시들은 셀레우코스 왕국에서 여러 곳에 군인과 퇴역병의 정착지가 발전되면서 생긴 것이다. 이집트에서는 군인들에게 배정된 땅이 일정한 정착지에 모여 있기보다는 왕국 전역에 흩어져 있었다. 이것이 이집트에서 알렉산드리아, 나우크라티스(Naukratis), 프톨레마이스(Ptolemais) 외에는 더 이상 그리스 도시들이 나타나지 않았던 이유 중의 하나이다. 새로운 도시들에는 그리스 이민자, 그리스인 퇴역병뿐만 아니라 동방의 원거주민도 살게 되었다. 이들 도시 중의 일부는 대단히 규모가 컸고, 새로운 이민자들을 많이 끌어 모았다. 알렉산드리아는 그리스인, 이집트인, 유다인과 시리아인 등의 여러 민족이 모이는 국제적인 중심지로 발전하였다. 알렉산드리아와 안티오키아, 셀레우키아는 수십만의 주민이 사는 대도시로 발전하였다.

예전의, 그리고 새로운 그리스 도시들은 여러 왕국 내에서 특별한 지위를 향유하였다. 왕들은 그리스 도시들의 '자유와 자치'의 수호자로 자처했다. 이 도시들은 폴리스라는 말이 어울리게끔 자신들이 선출한 행정관과 협의회, 민회를 갖추는 것과 자치가 허용되었다. 도시들은 모두 자체의 영토를 갖추고 있어서, 시민들은 경작지를 소유할 수 있었다. 그러나 이 경작지의 대부분은 예속적인 토착민 농부들에 의해 경작되었다. 도시들 중의 일부는 세금을 면제받았다. 그러나 이들이 정말 독립적이었던 것은 아니었다. 통상 감독권은 왕이 임명한 총독이 갖고 있었다. 원칙적으로 그리스인과 마케도니아인만이 시민권을 부여 받았고, 비그리스계 거주민은 자신들의 민족공동체(politeuma)에서 일정한 정도의 자치만을 누렸다. 하지만 이 도시들을 모두 한데 몰아 취급해서는 안 된다. 그들이 받은 그리스의 영향력 정도는 상당히 달랐다. 예를 들어 소아시아의 도시들은 그보다 더 동쪽에 있는 도시들이 나타나기 시작하고 그리스인이 출현하던 시기부터 이미 오랫동안 영향받고 있었다. 그 결과 소아시아 연안 도시들이 내륙의 도시들보다 훨씬 더 그리스화되었다.

물론 그리스 도시들 외에도 여전히 고대 근동의 도시들, 즉 멤피스, 테베, 바빌론, 우르크, 수사, 페니키아 도시들, 예루살렘 등이 존재했다. 이 도시들에 대한 왕들의 태도는 애매했다. 한편으로 그들은 이 도시들이 지역 자치(비록 행정을 감독하기 위해 그리스인이나 토착민 총독을 임명하는 일이 잦기는 했지만)와 지역적 관습을 상당히 누릴 수 있도록 허용했다. 예를 들어 근동 도시들은 자신들의 관행에 따라 법을 집행하고, 계약을 체결할 수 있었다. 그 밖에 그들의 신전을 재건하거나 꾸미는 일도 금지되지 않았다. 또한 그들은 그리스 도시들처럼 토지를 소유하는 것이 허용되었다. 반면에 고대 근동 도시들에게는 정치적·경제적 활동 면에서 중요한 역할을 부여하지 못했다. 그 중의 어떤 도시도 수도가 되지 못했다. 새로운 수도들 중에 다수는 고대 근동 도시들 근처에 세워졌고, 부분적으로는 이들 도시들에서 옮겨온 사람들로 채워졌다. 예를 들어 티그리스 강변의 셀레우케이아는 바빌론에서 데려온 사람들로 채워졌고, 바빌론은 도시의 영역 일부를 빼앗기기도 했다. 시간이 지나면서 통상 새로운 왕조의 이름을 부여받은 여러 근동 도시들 속에서 그리스인 공동체가 나타났다. 더욱이 그리스 풍의 체육관, 극장, 신전들이 이들 도시에 세워지게 되자, 이 도시들은 결정적으로 그리스 도시들처럼 되어버렸다. 하지만, 이 도시들에서의 행정 역시 그리스 식을 따랐는가는 분명하지 않다.

비록 대국들이 모두 왕국이었지만, 그들의 정부 형태가 모두 같지는 않았다. 마케도니아의 경우, 왕은 아직도 귀족들 중의 일인자였고, 여전히 군민회에서 지명되었다. 하지만 사실상 마케도니아는 점점 더 절대적인 성격의 왕권을 갖추게 되었다. 레반트 지역과 이집트에서의 왕은 맨 처음부터 절대 군주였고, 이 성격은 변하지 않았다. 마케도니아와 비교해 볼 때, 큰 차이는 레반트와 이집트에서 통치자가 토착민이 아니었다는 것이었다. 알렉산드로스 대왕은 토착민이 행정과 군 문제에 참여하도록 계획했다. 그는 근동 도시인 바빌론을 자신이 세운 제국의 수도로 삼으려 했고, 페르시아인이 태수직을 수행하는 것도 인정했다. 그러나 그의 후계자들은 이 정책을 따르려 하지 않았다. 그들은 가능한 한 그리스인과 마케도니아인에게 의존했다. 그리스인이 대규모로 이민해 오던 시기가 끝나자, 헬레니즘 왕들은 더욱 더 토착 동방인에게 의존하게 되었다. 그러나 이 시기가 되면, 이들 토착민 중 상당수가 서로 다른 정도로 그리스화되었다.

이집트의 프톨레마이오스 4세는 토착민 병사를 활용한 최초의 왕이었다. 그는 셀레우코스 왕국(시리아)의 왕인 안티오코스 3세를 팔레스타인에서 몰아내려고 시도했을 때, 이집트인 군대를 배치했다. 기원전 217년, 라피아(Raphia)에서 얻은 승리는 이들의 도움을 받아 성취한 것이었다. 그로 인해 이집트인의 자신감이 상당히 올라갔다.

근동에서의 새로운 통치 계급의 등장도 그 지역의 사회 구조에는 거의 영향을 미치지 않았다. 단지 상류층이 바뀌었을 뿐이었다. 조직적인 점에서 셀레우코스 왕국은 페르시아 제국과 대단히 비슷했던 반면에 프톨레마이오스 왕국은 여러 면에서 파라오가 다스리던 이집트 왕국의 연속선상에 있었다.

마케도니아와 이집트의 왕실 여성

헬레니즘 시대의 여성의 지위 변화가 예전과 얼마나 달라

졌는지를 알아보기 위해서는 그나마 가장 많은 부분이 묘사되어 있는 왕실의 여성에 대해 알아볼 수밖에 없을 것이다. 그렇다면 헬레니즘 군주국들에서 왕실 여성은 과연 어느 정도의 발언권을 지니고 공적 영역에서 활동할 수 있었는지를 알아볼 필요가 있다. 이 부분에 있어서는 먼저 헬레니즘 시대가 시작될 무렵의 마케도니아(Macedonia)가 시작점이 될 수 있을 것이다. 헬레니즘 시대의 주요 군주국의 왕실은 모두 마케도니아에 그 기원을 두고 있기 때문이다.

알렉산드로스가 동방 원정을 떠나면서 공식적으로 마케도니아는 섭정 안티파트로스(Antipatros)에게 맡겨졌지만, 알렉산드로스의 어머니인 올륌피아스와 친누이인 클레오파트라(Cleopatra)는 마케도니아와 에피로스에서 두각을 나타내게 되었다. 에피로스는 올륌피아스의 모국으로 그녀는 자신의 딸인 클레오파트라를 남동생인 에피로스의 알렉산드로스와 결혼시켰기 때문이다. 에피로스의 왕비가 된 클레오파트라는 외삼촌이었으나 이제는 남편이 된 에피로스의 왕 알렉산드로스가 기원전 334년경 이탈리아로 군사 원정을 떠난 이후, 그리고 기원전 331~330년 겨울 전사한 이후 에피로스에서 권력을 장악하고 국정을 이끌어 갔던 것으로 보인다. 여기에는 두 가지 이유가 있다고 이 시기 마케도니아 여성사의 전문가인 화이트혼(Whitehorne)은 분석하고 있는데, 첫째로 그녀는 알렉산드로스 대왕의 친누이이며, 둘째로 에피로스에서의 여성의 특별한 지위 때문이라는 것이다. 그리스에서와는 달리 에피로스에서 아들이 있는 미망인은 아들이 성년이 될 때까지 가장으로 행동하는 것이 용인되어 있었다.

한편 플루타르코스의 「알렉산드로스전」에는 이 두 여성에 대해 눈에 띄는 대목이 두 군데 있다. 첫째는 25장 4절의 묘사로써 알렉산드로스가 가자(Gaza)를 점령(기원전 332년)한 후, 많은 전리품을 고국으로 보내면서 '올림피아스와 클레오파트라, 그리고 그(알렉산드로스)의 친구들에게' 보낸다고 특별히 명시한 부분이다. 둘째는 68장 3절로 "올림피아스와 클레오파트라가 (섭정인) 안티파트로스(Antipatros)에 대항하여 파당을 모아 그(알렉산드로스)의 영토를 분할하고 올림피아스는 에피로스를 클레오파트라는 마케도니아를 장악하였다"는 내용이다. 첫째 부분에서 올림피아스가 거론된 것은 홀로 있는 어머니이니 당연하다고 치고, 그 밖의 다른 이복형제들의 이름이 전혀 거론되지 않는 것에 주목해 볼 수 있다. 이는 친누이에 대한 알렉산드로스의 특별한 관심을 말해주는 것이며, 이 관심은 곧바로 둘째의 구절과 관련이 될 것이다. 미망인이 된 클레오파트라가 마케도니아로 돌아와서 권력투쟁에 뛰어든 것을 보여주고 있는 구절이며, 동시에 이는 오빠인 알렉산드로스와의 특별한 친분관계가 아니면 불가능한 일이었을 것이기 때문이다. 그러나 같은 68장 3절에서 이 소식을 들은 알렉산드로스가 "어머니는 선택을 잘 하신거야, 마케도니아는 여성에게 지배당하지 않을 것이거든"하고 평했던 대목은 알렉산드로스의 권위가 클레오파트라에게 힘을 실어주고 있기는 하나,

에피로스와는 상황이 다르다는 것을 보여주는 것이기도 하다. 이는 동시에 앞 문단에서 언급한 에피로스에서 여성의 지위가 상당한 정도로 보장되어 있던 것을 간접적으로 증명해준다. 그리고 알렉산드로스의 사망 후, 권력의 무게 중심이 소위 '후계자들'에게 넘어감에 따라 이들과 결혼이나 친척관계로 맺어진 마케도니아 왕실의 여성들이 여러 가지 방식으로 합법적인 권한을 행사하게 된다. 그러나 아직 이 권한이 확고한 것은 아니어서, 기원전 280년 이후 정치적 혼란이 가라앉고 헬레니즘 왕국과 왕조가 자리를 잡게 되자 그때까지 놀라울 정도로 강화되어 가던 왕실 여성들의 중요성은 일부 감소하게 되었다. 그러나 안티고노스 왕조 치하에서는 그들의 권한이 약화되었지만, 다른 경우 예를 들면 프톨레마이오스 왕조에서는 어느 정도까지 계속 유지되었거나 심지어 더욱 강화되기도 했다.

프톨레마이오스 왕조에서 나온 여러 비문과 파피루스 등의 자료에서는 거의 언제나 왕과 여왕이 나란히 거명되고 있다. 예를 들면 신이자 구주(theoi soteres)이신 프톨레마이오스(1세) 왕과 베레니케(Berenice) 여왕의 자녀이시며, 남매신(theoi adelphoi)이신 프톨레마이오스(2세) 왕과 아리스노에(Arisnoe) 여왕의 아들이신 프톨레마이오스(3세) 대왕 등이다. 아리스노에는 기원전 270년까지 5년여를 프톨레마이오스 2세와 함께 통치했으며, 기원전 2세기의 클레오파트라 2세와 3세 역시 마찬가지였다. 그리고 잘 알려진 이집트의 마지막 여왕 클레오파트라 7세 역시 동생이자 남편인 프톨레마이오스 13세와 권력투쟁을 벌였다는 것은 잘 알려진 사실이다.

이런 점은 플루타르코스의 「클레오메네스전」에서도 잘 나타나 있다. 클레오메네스가 이집트로 망명한 뒤, 그의 후원자 역할을 하던 프톨레마이오스 3세가 얼마 안가 사망하고 프톨레마이오스 4세가 즉위하였다. 이 시기 이집트의 궁중은 "지나친 방종과 음주에 빠져있었고, 여성들이 지배하고 있었다". 그리고 "중요한 국사는 왕의 애첩인 아가토클레이아(Agathocleia)와 포주였던 그녀의 어머니 오이난테(Oinanthe)에 의해 좌우되었다"고 플루타르코스는 전한다.

스파르타의 왕실 여성

이처럼 헬레니즘 시기에 여성, 적어도 왕실 여성의 지위와 영향력은 이전 시기에 비해 상당히 제고되어 있었고, 이는 헬레니즘 시대 스파르타의 상황에서도 명백히 드러나는 몇 가지 예로 알 수 있다. 기원전 244년경이 되었을 때 헬레니즘 세계는 앞서 서술한 3대 강국에 의해 주도되고 있었다. 이에 중소 폴리스로 전락한 스파르타를 다시 일으키기 위해 10대 후반까지 "여성들의 부와 사치에 의해 양육되었던" 스파르타의 왕 아기스(Agis) 4세는 쾌락을 멀리하고 전래의 소박한 생활방식을 회복하기로 마음먹는다. 여기서 말하는 여성들은 "스파르타에서 가장 부유했던 어머니 아게시스트라타(Agesistrata)와 할머니 아르키다미아(Archidamia)"이다. 그는 정치적 영향력과 야심을 가진 인물들을 자신의 편으로 끌어들이고, 차후의 사건전개에 중요한 역할을 하는 인물인 외삼촌 아게실라오스를 통해 어머니 아게시스트라타를 설득한다. 아게시스트라타의 설득은 아기스의 개혁 계획을 위해 필수적인 것이었는데, 그녀가 '많은 추종자와 친우, 채무자를 통해 국가 내에서 커다란 영향력을 행사하고, 국정의 많은 부분에 참여했기 때문이다'. 아게실라오스는 아게시스트라타뿐 아니라 아르키다미아도 설득했음이 틀림없다.

> "왕가의 이 두 여성은 아기스의 계획에 합류하여 그를 격려하고, 남자친구들을 끌어들였으며, 그 밖의 다른 여성들과도 협의하였다. 왜냐하면 스파르타 남성들은 언제나 아내에게 순종적이며, 자신들이 집안일에 간여하는 것을 허용 받은 것 이상으로 여성이 국사에 간여하도록 허용했기 때문이다. 이 시기 스파르타 부의 대부분은 여성들의 수중에 있었고, 이는 아기스의 일을 괴롭고 어렵게 만들었다. 여성들은 (아기스의 계획에) 반대했는데, 전반적으로 높은 수준의 문화가 없는 상태에서 자신들의 삶을 행복하게 해주었던 사치를 하지 못하게 될까봐서 였을 뿐만 아니라, 자신들의 재산으로 인해 누릴 수 있었던 존경과 영향력을 상실할까봐서 였다."

이제 스파르타의 여성들은 두 개의 당파로 나뉘게 되었다. 한편은 에우리폰티다이(Euripontidai) 왕가의 여성들을 중심으로 한 소위 '개혁파'였고, 다른 한편은 여기에 저항하는 '보수파'였다. 보수파의 여성들은 자신들의 구심점으로 또 다른 왕가인 아기아다이의 레오니다스를 선택하였다.

아기스는 시민단의 확충이라는 우선적 목표를 달성하기 위해, 토지 재분배를 제안했고, 이를 효과적으로 관철시키기 위해 자신의 모든 부동산과 600탈란타라는 거금을 '공적 기금'으로 내놓겠다고 '폭탄선언'을 하였다. 여기에 '스파르타에서 가장 부유한 이들'인 아기스의 '어머니들' – 즉, 아게시스트라타와 아르키다미아 – 과 그녀들의 친척, 친구들이 동참하여 압도적인 여론의 지지를 등에 업고 아기스는 개혁을 추진할 수 있게 되었다. 개혁의 추진과정에서 아기스의 외삼촌 아게실라오스의 전횡으로 말미암아 개혁에 불리한 여론이 조성되었고, 별다른 군사적 성공조차 거두지 못한 아기스는 실각하게 되었다. 그는 스파르타 왕으로는 역사상 처음으로 재판도 받지 못하고 처형되었으며, 그의 어머니와 할머니 역시 같은 운명의 길을 걷게 되었다. 이로 말미암아 아기스의 개혁시도는 실패로 돌아가게 되었으나, 후일 아이러니컬하게도 그의 최대의 적수인 레오니다스의 아들인 클레오메네스 3세가 개혁정신을 계승한다. 그리고 이 두 왕의 연결고리에 또 하나의 왕가의 여성이 자리잡고 있다.

아기스의 미망인 '아기아티스(Agiatis)는 아버지 귈리포스(Gyllypos)의 광대한 토지를 유산으로 물려받았고, 그리스의 어떤 여성보다 아름다웠으며, 성격도 훌륭했기 때문에' 레오니다스는 그녀를 자신의 아들과 억지로 결혼시켰다. 연상의 아내의 매력에 완전히 사로잡힌 클레오메네스는 그녀의 전 남편 아기스의 개혁과 포부, 계획 등을 열심히 귀담아 들었고, 거기에 매료되어 버렸다고 플루타르코스는 전하고 있다.

왕위에 오른 클레오메네스는 아기스와 마찬가지로 가장 유력한 지지자로 어머니를 끌어들이게 된다. 클레오메네스의 어머니 크라테시클레이아(Kratesicleia)는 아들을 돕기 위해 많은 자금을 내놓았고, 여러 시민들을 끌어들였다. 그리고 재혼의 필요성을 느끼지 않았음에도 불구하고, 시민 중에 가장 큰 명성과 영향력을 지니고 있던 인물과 재혼하였다. 개혁을 위한 인적·물적 자원을 마련한 클레오메네스는 아기스와는 달리 무력을 동반한 '친위 쿠데타'를 일으켜 정권을 장악하고 감독관 중의 4인을 죽인 후, 유력한 시민 80명을 추방하였다. 개혁을 수행하여 시민단을 충원하고, 모자라는 수효와 재원은 6,000명의 헤일로타이를 속전 받고 해방하여 충당하였지만, 결국 기원전 222년 마케도니아와의 일전(Sellasia 전투)에서 패전함으로써 그의 꿈을 접을 수밖에 없었다.

한편 마케도니아와의 전쟁을 준비하는 과정에서 전비가 모자라게 되었을 때, 이집트의 프톨레마이오스 3세는 클레오메네스에게 어머니와 자식을 인질로 보낸다면 재정적으로 지원하겠다고 제안하였다. 그는 차마 어머니에게 말을 꺼내지 못하고 머뭇거렸는데, 오히려 크라테시클레이아는 스파르타를 위해서라면 자발적으로라도 인질이 되겠노라며 어린 손자를 데리고 이집트로 떠났다. 후일 그녀는 이집트에서 아들에게 편지를 보내 자신의 안위는 신경쓰지 말고 스파르타식으로 살고, 스파르타의 이익을 위해 행동하라고 독려한다. 이상에서 살펴보았듯이 헬레니즘 시기에 적어도 상류층 여성들은 고전기와는 달리 사회활동에 적극적으로 참여했고, 정치적 영향력을 행사했음을 알 수 있다.

로마 제국과 헬레니즘 문화

기원전 3세기 후반, 서부 지중해의 새로운 강국 로마가 헬레니즘 세계에 본격적으로 개입하게 되었을 때, 헬레니즘 세계는 이미 처음의 활력을 상당히 잃고 있었다. 물론 로마는 예전에 그리스인과 연관이 전혀 없었던 것은 아니었고, 헬레니즘 세계도 로마의 세력 확장에 대해 알고는 있었지만[26] 그리 큰 위협을 느끼지는 않고 있었다. 헬레니즘 강대국들과 비교해볼 때, 아직까지 로마는 그저 그만한 인구와 판도를 지닌, 비교적 야만적인 신흥 강국에 지나지 않았기 때문이다. 그러나 로마는 헬레니즘 강대국들과 몇 번의 전쟁[27]을 거치면서, 착실하게 세력을 넓혀갔고, 결국 기원전 2세기 중반에 이르러 대부분의 헬레니즘 세계를 장악하거나, 그 영향권 아래 두게 되었다.

로마가 헬레니즘 세계에 군림하게 된 이후, 예전의 소위 세 강대국들 간의 '세력 균형'은 무너졌다. 여러 그리스 폴리스들과 왕국들에 친로마파가 생겨났으며, 로마인은 이를 적극적으로 이용하였다. 결국 상당수의 헬레니즘 군주들은 굴욕적인 예속 상태로 로마에 들어가고 말았다. 그리고 로마는 이탈리아로 쏟아져 들어온 엄청난 경제적 부를 누렸으나, 동시에 이로 인한 사회적·경제적 문제[28]에도 시달리게 되었다. 그리고 로마의 지배 아래 들어가게 된 헬레니즘 세계의 일부는 오랜 기간 동안 그리스 문화의 영향을 계속 받게 되었다. 이는 로마인 자신이 이미 여러 세기 동안 그리스 문화적 요소들에 동화되었기 때문이었다. 이는 그리스의 문화가 로마보다 우월했다는 점에도 한 이유가 있을 것이다. 결국 로마는 그리스와 헬레니즘 왕국들에서 빼앗아 온 전리품으로 가득 차게 되었고, 노예와 인질·상인 등으로 로마에 온 그리스인들의 영향을 받아 더욱더 헬레니즘화되어 갔다. 대 카토(Cato)를 비롯한 로마의 보수적 귀족들은 이에 대해 로마인의 강건하고 소박한 기풍이 사라지게 되었다고 개탄하기도 했지만, 결국 그들도 헬레니즘 문명이 로마를 점령하는 것을 저지하지는 못하였다.

기원전 3세기 이래 로마인은 그리스의 영향 아래 문학을 발전시켰다. 최초의 로마 시인이라고 할 수 있는 리위우스 안드로니쿠스(Livius Andronicus)도 타렌툼 출신의 그리스인이었으며, 역사가 엔니우스(Ennius), 극작가 나이위우스(Naevius), 플라

우투스(Plautus), 테렌티우스(Terentius) 등도 역시 헬레니즘 문화의 영향을 강하게 받은 이들이었다. 그 밖에도 로마의 철학은 그리스 철학을 나름대로 변형시킨 것[29]이었고, 미술, 특히 로마의 조각은 그리스의 걸작들을 모방한 것이 대부분이었다. 그러나 헬레니즘 세계에서 고대 근동의 문화적 전통은 점차 쇠약해졌다. 이집트는 로마의 지배 아래서 경제적으로 어려운 시절을 겪었다. 예전에 프톨레마이오스 왕조가 만들어 놓았던 정교한 행정체제를 그대로 이용한 로마인은 많은 자금을 특별세 형태로 거두어 로마로 흘러 들어가게 했다. 프톨레마이오스 왕조 역시 고율의 세금을 부과했었지만, 그 대부분은 이집트 경제에 재투자되었다. 이집트 토착민은 초기 단계부터 그리스도교를 받아들이거나, 전통 종교에 열렬히 매달림으로써 그리스-로마의 지배자들의 착취에 반항하였다. 이집트의 전통적 종교는 유스티니아누스(Justinianus) 황제 때에 이르러 마지막 남은 이집트 전통 종교의 보루인 필라이(Philae)의 이시스 신전을 폐쇄함으로써 확실히 끝나게 되었다. 오시리스와 이시스, 레와 호루스가 이집트에서 사라지고, 오시리스와 이시스를 모시던 신전에 교회가 생기게 되었던 것은 예전 근동 종교의 흔적이 사라진 것을 의미한다. 그러나 헬레니즘 시대에 발달되고 전개된 철학과 비의 종교, 그리고 무엇보다도 보편적 세계관은 로마인과 그리스도교에 깊은 영향을 남기게 되었다.

일부 역사가들은 알렉산드로스의 정복 이후 근동 세계가 완전히 그리스 문명에 속하게 되었다고 주장한다. 그러나 실상 대도시의 귀족과 상류 계층만이 그리스 문화에 친숙해졌다. 소아시아와 많은 그리스인이 같이 살고 있던 알렉산드리아 같은 대도시들을 제외하면, 오히려 근동에서 그리스어는 널리 쓰이는 언어가 아니었다.

한편 종종 나오는 다른 주장은 헬레니즘 문명이 그리스와 근동 문화의 혼합이라는 것이다. 역시 마찬가지로, 실제로는 여러 요인들의 결합으로 그리스 문명의 새로운 국면이 나타났고, 그 안에서 근동의 일부 요소들이 차용되었을 뿐이다. 동시에 근동의 여러 문명들은 다양한 정도로 그리스의 영향에 동화되었다. 이제 그리스 문명은 한 단계 업그레이드되어 새로운 세계 문명으로 거듭나게 되었고, 로마와 그리스도교 문화를 한층 더 풍요롭게 해주었다. 특히나 그리스도교는 "초대 그리스도교 사상에 영향을 끼친 것은 고전 그리스 사상이라기보다는 헬레니즘 사상이라고 할 수 있다. 헬레니즘 사상이 대부분의 그리스도교 사상의 직접적 원천이다"라고 말했던 신학자 폴 틸리히의 설명처럼 헬레니즘은 서구의 보편적 세계관과 철학·종교관에 많은 영향을 받았다. 따라서 서구 문명과 그리스도교의 상당 부분이 우리 사회에 잠식되어 있는 지금, 헬레니즘 문명은 우리에게 그리 낯선 것이 아닐 수도 있다.

주

1) 이 책에서 나오는 인물과 지명은 원칙적으로 그리스어, 라틴어 등의 원어 발음에 가장 가깝게 표기할 것이다. 그러나 우리에게 이미 익숙한 이름은 처음 등장하는 경우에 한해서 괄호 안에 병기할 것이다.
2) 그리스 북부의 도시국가(polis)였던 테바이는 그리스 북부 도시국가들의 연합체인 보이오티아(Boiotia) 연맹의 중심 도시였다. 테바이의 장군인 에파메이논다스(Epameinondas, 에파미논다스)는 기원전 371년, 레욱트라(Leuktra)에서 당대 최강으로 불리던 스파르타 군을 일명 '사선진(斜線陣)'으로 격파했다. 그의 전법은 후에 알렉산드로스가 자주 이용했다.
3) 호메로스(Homeros, 기원전 750년경)는 고대 그리스 문학의 기반 중의 하나가 되며, 오늘날에까지 널리 읽히고 있는 위대한 서사시 『일리아스 *Illias*』와 『오뒷세이아 *Odysseia*』의 저자로 추정되는 인물이다. 장님이었다고 전해지는 호메로스는 아마도 그때까지 구전으로 내려왔던 이야기와 전설, 민담, 싸움에 대한 이야기들을 묶어서 하나의 서사시를 만들었을 것이다.
4) 기원전 4세기 전반부터 2세기 전반까지 그리스 각지에서는 폭력적인 방법을 써서 사회경제적 불평등을 시정하려는 여러 번의 소요(stasis)가 일어났다. 이는 고전기 말부터 심화된 부익부 빈익빈 현상을 극복하려는 시도 중의 하나였으며, 오늘날의 학자들은 이 소요들－말 그대로 소요에서부터 개혁 혹은 '혁명'이라고 불릴 수 있는 것들까지－을 '사회혁명'이라고 부른다.
5) '클레오파트라'하면 대부분 이집트의 마지막 여왕을 떠올리겠지만, 그녀는 클레오파트라 7세이고, 지금 나오는 클레오파트라가 역사에 나오는 그 이름을 가진 첫 번째 여성이다.
6) 여담이지만 후일 로마의 카이사르(Caesar, 시이저)가 알렉산드로스의 무덤에 참배했고, 프랑스의 나폴레옹은 카이사르의 무덤에 참배했으니, 아킬레스에서 나폴레옹까지는 참배로 연결되는 셈이다.

7) 그리스와 '페르시아 전쟁'을 일으켰던 페르시아의 왕 다레이오스(Dareios I, 기원전 520~485년)는 위대한 조직자이기도 했다. 그가 왕위에 오르기 전의 제국은 여러 개의 대규모 속주들 혹은 '태수령들(satrapies)'로 구성되어 있었다. 이 태수령들 중 하나는 예전의 신 바빌로니아 제국이었다. 다레이오스는 제국을 20여 개의 태수령으로 세분하여 재조직하였다. 각 태수령은 고정된 세금을 바쳐야 했다. 태수령은 '태수' 혹은 총독이 다스렸다. 중앙 정부의 권위가 약해진 시대에는 일부 태수가 상당한 권력을 잡고, 반독립적인 통치자로 행세하기도 했다. 왕들은 '왕의 귀와 눈'이라고 불린 비밀 정보원들에게 태수들의 행동을 감시하게 함으로써 태수들의 독립적인 경향을 억제하려 애썼다.
8) 기원전 319~272년. 소국 에퓌로스의 왕이었던 그는 마케도니아의 권력투쟁에도 뛰어들었으나 뤼시마코스에 의해 실패했고, 기원전 280년부터는 이탈리아 남부의 그리스 도시인 타렌툼의 의뢰를 받아 로마와 맞서 싸워 용명을 떨쳤으나, 결국 병력의 열세 및 자금 부족으로 물러나야 했다. 후에 한니발이 알렉산드로스와 한니발 본인, 그리고 퓌로스를 합쳐 3대 명장이라고 꼽은 만큼 능력이 있는 인물이긴 했으나, 결국 커다란 성과를 일구어내지 못한 비운의 인물이다.
9) 필리포스에 격렬하게 반대했던, 저명한 아테나이 연설가이자 정치가인 데모스테네스(기원전 384~322년)는 아테나이가 완전한 독립 국가로 모든 국력을 유지하길 원했다.
10) '소수(oligoi)에 의한 통치'. 반드시 귀족 출신일 필요는 없는 소수 정치가 그룹이 통치를 맡으며, 그들은 대개 부유층이다.
11) 탈란타는 오늘날 '탈렌트'라는 말의 어원이 되는 탈란톤(talanton)의 복수이다. 탈란톤은 무게 단위이면서, 화폐 단위이기도 했다. 기원전 5세기 경의 아테나이에서 1드라크메(drachme)는 실질적인 하루 임금이었고, 6,000드라크마이(drachmai)가 1탈란톤이었다. 시기와 장소에 따라 다르지만, 드라크메를 4.3g 정도의 은화로 보면 그렇게까지 많이 틀리지 않을 것이다.
12) 스파르타의 페리오이코이는 헤일로타이와 함께 스파르타의 피지배층이었다. 그러나 페리오이코이는 시민권을 얻지 못

했을 뿐, 자신들의 도시에서 자치를 누리며 살았고, 스파르타의 출병시에는 군을 소집하여 같이 나가는 등 노예와는 사뭇 달랐다. 페르시아 치하의 그리스인이 자치를 누리며 살았던 것과 비교할 수 있을 것이다. 그들은 스파르타인이 군사 활동에만 몰두하고 있었으므로, 상공업과 교역을 맡았다.

13) 헤일로타이는 일종의 국가노예로서 스파르타가 예전에 침공했던 지역의 원주민이었다. 그들은 농업을 담당했다. 시간이 지나면서 스파르타인의 수가 줄어드는 것과는 반대로 그들의 수가 늘거나, 적어도 줄지는 않았고, 그 결과 스파르타인의 지속적인 고민거리가 되었다.

14) 포이니 전쟁은 기원전 264년에서 146년 사이 3차에 걸쳐 일어났던, 로마와 카르타고(Karthago) 사이의 전쟁으로서, 이 전쟁의 승리로 인해 로마는 지중해의 패권을 장악할 수 있었고, 대제국의 기틀을 마련했다. 그러나 제2차 포이니 전쟁(기원전 218~201년) 동안 로마는 카르타고의 명장 한니발(Hannibal)에 의해 엄청난 괴로움을 겪었다.

15) 이 부분에 대해서는 이 책의 종교 부분을 참조하라.

16) 옥타위아누스는 카이사르(Caesar, 영어식 발음은 시이저)의 양자로서, 기원전 27년에 로마의 내전에서 승리하고 원로원에 이제까지의 비상대권(imperium)을 반납했으나, 원로원은 그에게 다시 임페리움과 여러 권한 및 아우구스투스(존엄한 자라는 의미, 신격에 붙이는 형용사에서 비롯한다)라는 존칭을 바친다. 그 이후로 그는 주로 아우구스투스로 불린다. 즉, 카이사르의 양자가 될 때까지는 옥타위우스, 양자가 된 이후에는 옥타위아누스, 마지막에는 아우구스투스로 부르는 것이 일반적이다.

17) 소아시아 동남부에 있었던 고대 국가, 후에는 로마의 속주가 되었다.

18) 페르가몬 왕국은 기원전 3세기(260년경)에 셀레우코스 왕국의 속국 신세에서 벗어났다. 페르가몬의 왕들은 기원전 279년에 그리스 세계를 침략한 뒤, 중앙 아나톨리아에 정착했던 켈트족(갈라티아인)과 여러 차례 전투를 치렀다. 페르가몬에는 도서관들과 수사학 학교들, 그리고 유명한 치유의 신 아스클레피오스 신전이 있었다. 이 신전에서 수천 명의 환자가

치유되었다. 기원전 215년에서 133년 사이 페르가몬은 로마의 충실한 동맹국이었다. 기원전 188년, 셀레우코스 왕국의 왕 안티오코스 3세(기원전 223~187년 재위)를 패배시킨 로마는 페르가몬 왕국을 타우루스(Taurus) 산맥까지 확장시켜 주었다. 기원전 133년, 페르가몬의 아탈로스 왕가의 마지막 왕인 아탈로스 3세는 자식이 없었기 때문에 왕국을 로마에 유증하였다. 이는 페르가몬과 로마의 돈독한 관계를 보여주는 동시에, 당시의 왕들이 국가를 개인재산으로 생각했다는 징표이기도 하다.

19) 시리아와 팔레스타인도 정복했던 신 바빌로니아 제국의 네부캇네자르 2세(Nebuchadnezzar II, 기원전 605~562년)는 유다를 속국으로 만들었다. 그의 후계자들이 남겨놓은 전승에 따르면, 유다를 정복한 그는 유다의 주민들을 바빌론으로 이주시켰다(이것이 구약성서에 '바빌론 유수'라고 언급된 사건이며 기원전 586년에 일어났다). 이 시대는 유다인의 역사에 있어 대단히 중요하다. 이 시대에 유다인은 자신들의 전승의 상당 부분을 기록하였고, 이로 인해 오늘날 보이는 구약성경의 형태가 나타났다. 그 뒤 페르시아가 그들을 고국에 돌려보내 주었다.

20) 디아스포라는 분산을 뜻하는 그리스어이다.

21) '셉투아긴타 Septuaginta'이지만, 일반적으로는 영어식으로 셉추아진트라고 부른다.

22) 구주를 의미하는 소테르는 그리스도교에서 예수 그리스도를 지칭하는 단어로 쓰였던 것을 신약성서에서 확인할 수 있다.

23) 점성술이나, 약초 및 여러 가지 연금술적인 지식에 능통한 페르시아의 성직자를 일컫는 라틴어 magi(magus의 복수)라는 용어에서 오늘날 magic이라는 용어가 나타났다.

24) 사실 원래 그리스도교의 크리스마스, 즉 예수 그리스도의 탄생일이 12월 25일이 아니라는 것은 잘 알려진 이야기이다. 정확한 탄생일은 알 수 없다. 크리스마스의 기원은 여러 가지로 추측되는데, 그 중의 하나가 이 미트라스의 탄생일이다. 그 밖에 켈트족의 동지 축제에서 기원했다는 설도 있지만, 그 역시 마찬가지로, '빛의 힘이 어둠의 힘을 이기는' 태양의 탄생일에서 비롯된 것이다.

25) 기원전 3400~3200년 사이에 메소포타미아(Mesopotamia, 오늘날의 이란, 이라크, 시리아, 팔레스타인 등이 있는 일대로 고대 문명의 발상지 중의 하나)에서 나타난 문자 형태로 쐐기꼴 모양을 하고 있어서 쐐기문자라 불린다.

26) 기원전 6세기 이래 로마는 이탈리아 남단의 그리스 식민도시들과의 접촉과 에트루스키(Etruski)인을 통해 그리스의 문물을 받아들였고, 기원전 280~275년에는 이탈리아 남부의 그리스 도시 타렌툼(Tarentum)을 지원하던 에피로스 왕 퓌로스와 싸운 적도 있었다.

27) 3차에 걸친 대 마케도니아 전쟁(기원전 211~205년, 200~197년, 172~168년), 대 시리아·아이톨리아 전쟁(기원전 192~188년), 대 아카이아 전쟁(기원전 149~146년) 등.

28) 3차에 걸친 포이니 전쟁과 동방 정복의 결과, 부익부 빈익빈 현상이 두드러지게 되고, 대농장이 많아지게 되면서 가난한 소농 상당수가 토지를 잃고 로마의 근간이었던 자영농민층이 붕괴의 위기를 겪게 되었다.

29) 이는 로마 산문의 최고봉이라고 평가되기도 하는 키케로(Cicero)의 작품들에서도 분명히 드러난다.

참고문헌

김경현 옮김, 『헬레니즘 세계』, 아카넷, 2002.

Allen, R. E., *The Attalid Kingdom A Constitutional History*, Oxford, 1981.

Berthold, R. N., *Rhodes in the Hellenistic Age*, Ithaca, 1984.

de Blois, L. and R. J. van der Spek, *An Introduction to the Ancient World*, Routledge, 1997.

Bosworth, A. B., *Conquest and Empire. The Reign of Alexander the Great*, Cambridge, 1988.

Cary, M., *A History of the Greek World from 323 to 146 BC*, 2nd ed., London, 1963.

Cohen, G. M., *The Seleucid Colonies. Studies in Founding Administration and Organization*, Wiesbaden, 1978.

Crawford, D. J., *Kerkeosiris : An Egyptian Village in the Ptolemaic Period*, Cambridge, 1971.

Dodds, E. R., *The Greeks and the Irrational*, Berkeley, 1959.

Downey, G., *A History of Antioch in Syria. From Seleucus to the Arab Conquest*, 2nd edn, Princeton, 1974.

Elliger, W., *Ephesos. Geschichte einer antiken Weltstadt*, Stuttgart, 1985.

Ellis, W. M., *Ptolemy of Egypt, London*, 1993.

Fraser, P., *Ptolemaic Alexandria I–III, Oxford*, 1972.

Green, P., *Alexander to Actium. The Historical Evolution of the Hellenistic Age*, Berkeley, 1993.

Grimal, p., et al., *Hellenism and the Rise of Rome*, London, 1968.

Gruen, E. S., *The Hellenistic World and the Coming of Rome I–II*, Berkeley, 1984.

Hansen, E. V., *The Attalids of Pergamon*, 2nd ed., Ithaca, 1971.

Jones, A. H. M., *The Greek City from Alexander to Justinaian*, Oxford,

1940.

Koester, H., *History, Culture and Religion of the Hellenistic Age*, Princeton, 1982.

Kuhrt, A. and A. N. Sherwin-White (eds), *Hellenism in the East*, London, 1987.

Lane Fox, R., *Alexander the Great*, London, 1973.

Larsen, J. A. O., *Greek Federal States*, Oxford, 1968.

Momigliano, A., *Alien Wisdom. The Limits of Hellenization*, Cambridge, 1975.

Rostovtzeff, M. I., *Social and Economic History of the Hellenistic World I–III*, 2nd ed., Oxford, 1953.

Shimron, B., *Late Sparta and the Spartan Revolution, 243–146 BC*, Arethusa Monographs, 1972.

Versnel, H. S., *Ter unus. Isis, Dionysos, Hermes. Three Studies in Henotheism*, Leiden, 1990.

프랑스엔 〈크세주〉, 일본엔 〈이와나미 문고〉, 한국에는 〈살림지식총서〉가 있습니다.

전자책 | 큰글자 | 오디오북

001 미국의 좌파와 우파 | 이주영
002 미국의 정체성 | 김형인
003 마이너리티 역사 | 손영호
004 두 얼굴을 가진 하나님 | 김형인
005 MD | 정욱식
006 반미 | 김진웅
007 영화로 보는 미국 | 김성곤
008 미국 뒤집어보기 | 장석정
009 미국 문화지도 | 장석정
010 미국 메모랜덤 | 최성일
011 위대한 어머니 여신 | 장영란
012 변신이야기 | 김선자
013 인도신화의 계보 | 류경희
014 축제인류학 | 류정아
015 오리엔탈리즘의 역사 | 정진농
016 이슬람 문화 | 이희수
017 살롱문화 | 서정복
018 추리소설의 세계 | 정규웅
019 애니메이션의 장르와 역사 | 이용배
020 문신의 역사 | 조현설
021 색채의 상징, 색채의 심리 | 박영수
022 인체의 신비 | 이성주
023 생물학무기 | 배우철
024 이 땅에서 우리말로 철학하기 | 이기상
025 중세는 정말 암흑기였나 | 이경재
026 미셸 푸코 | 양운덕
027 포스트모더니즘에 대한 성찰 | 신승환
028 조폭의 계보 | 방성수
029 성스러움과 폭력 | 류성민
030 성상 파괴주의와 성상 옹호주의 | 진형준
031 UFO학 | 성시정
032 최면의 세계 | 설기문
033 천문학 탐구자들 | 이면우
034 블랙홀 | 이충환
035 법의학의 세계 | 이윤성
036 양자 컴퓨터 | 이순칠
037 마피아의 계보 | 안혁
038 헬레니즘 | 윤진
039 유대인 | 정성호
040 M. 엘리아데 | 정진홍
041 한국교회의 역사 | 서정민
042 야웨와 바알 | 김남일
043 캐리커처의 역사 | 박창석
044 한국 액션영화 | 오승욱
045 한국 문예영화 이야기 | 김남석
046 포켓몬 마스터 되기 | 김윤아
047 판타지 | 송태현
048 르 몽드 | 최연구
049 그리스 사유의 기원 | 김재홍
050 영혼론 입문 | 이정우
051 알베르 카뮈 | 유기환
052 프란츠 카프카 | 편영수
053 버지니아 울프 | 김희정
054 재즈 | 최규용
055 뉴에이지 음악 | 양한수
056 중국의 고구려사 왜곡 | 최광식
057 중국의 정체성 | 강준영
058 중국의 문화코드 | 강진석
059 중국사상의 뿌리 | 장현근
060 화교 | 정성호
061 중국인의 금기 | 장범성
062 무협 | 문현선
063 중국영화 이야기 | 임대근
064 경극 | 송철규
065 중국적 사유의 원형 | 박정근
066 수도원의 역사 | 최형걸
067 현대 신학 이야기 | 박만
068 요가 | 류경희
069 성공학의 역사 | 정해윤
070 진정한 프로는 변화가 즐겁다 | 김학선
071 외국인 직접투자 | 송의달
072 지식의 성장 | 이한구
073 사랑의 철학 | 이정은
074 유교문화와 여성 | 김미영
075 매체 정보란 무엇인가 | 구연상
076 피에르 부르디외와 한국사회 | 홍성민
077 21세기 한국의 문화혁명 | 이정덕
078 사건으로 보는 한국의 정치변동 | 양길현
079 미국을 만든 사상들 | 정경희
080 한반도 시나리오 | 정욱식
081 미국인의 발견 | 우수근
082 미국의 거장들 | 김홍국
083 법으로 보는 미국 | 채동배
084 미국 여성사 | 이창신
085 책과 세계 | 강유원
086 유럽왕실의 탄생 | 김현수
087 박물관의 탄생 | 전진성
088 절대왕정의 탄생 | 임승휘
089 커피 이야기 | 김성윤
090 축구의 문화사 | 이은호
091 세기의 사랑 이야기 | 안재필
092 반연극의 계보와 미학 | 임준서

093 한국의 연출가들 | 김남석
094 동아시아의 공연예술 | 서연호
095 사이코드라마 | 김정일
096 철학으로 보는 문화 | 신응철
097 장 폴 사르트르 | 변광배
098 프랑스 문화와 상상력 | 박기현
099 아브라함의 종교 | 공일주
100 여행 이야기 | 이진홍
101 아테네 | 장영란
102 로마 | 한형곤
103 이스탄불 | 이희수
104 예루살렘 | 최창모
105 상트 페테르부르크 | 방일권
106 하이델베르크 | 곽병휴
107 파리 | 김복래
108 바르샤바 | 최건영
109 부에노스아이레스 | 고부안
110 멕시코 시티 | 정혜주
111 나이로비 | 양철준
112 고대 올림픽의 세계 | 김복희
113 종교와 스포츠 | 이창익
114 그리스 미술 이야기 | 노성두
115 그리스 문명 | 최혜영
116 그리스와 로마 | 김덕수
117 알렉산드로스 | 조현미
118 고대 그리스의 시인들 | 김헌
119 올림픽의 숨은 이야기 | 장원재
120 장르 만화의 세계 | 박인하
121 성공의 길은 내 안에 있다 | 이숙영
122 모든 것을 고객중심으로 바꿔라 | 안상헌
123 중세와 토마스 아퀴나스 | 박주영
124 우주 개발의 숨은 이야기 | 정홍철
125 나노 | 이영희
126 초끈이론 | 박재모 · 현승준
127 안토니 가우디 | 손세관
128 프랭크 로이드 라이트 | 서수경
129 프랭크 게리 | 이일형
130 리차드 마이어 | 이성훈
131 안도 다다오 | 임채진
132 색의 유혹 | 오수연
133 고객을 사로잡는 디자인 혁신 | 신언모
134 양주 이야기 | 김준철
135 주역과 운명 | 심의용
136 학계의 금기를 찾아서 | 강성민
137 미 · 중 · 일 새로운 패권전략 | 우수근
138 세계지도의 역사와 한반도의 발견 | 김상근
139 신용하 교수의 독도 이야기 | 신용하
140 간도는 누구의 땅인가 | 이성환
141 말리노프스키의 문화인류학 | 김용환
142 크리스마스 | 이영제
143 바로크 | 신정아
144 페르시아 문화 | 신규섭
145 패션과 명품 | 이재진
146 프랑켄슈타인 | 장정희
147 뱀파이어 연대기 | 한혜원
148 위대한 힙합 아티스트 | 김정훈
149 살사 | 최명호
150 모던 걸, 여우 목도리를 버려라 | 김주리
151 누가 하이카라 여성을 데리고 사누 | 김미지
152 스위트 홈의 기원 | 백지혜
153 대중적 감수성의 탄생 | 강심호
154 에로 그로 넌센스 | 소래섭
155 소리가 만들어낸 근대의 풍경 | 이승원
156 서울은 어떻게 계획되었는가 | 염복규
157 부엌의 문화사 | 함한희
158 칸트 | 최인숙
159 사람은 왜 인정받고 싶어하나 | 이정은
160 지중해학 | 박상진
161 동북아시아 비핵지대 | 이삼성 외
162 서양 배우의 역사 | 김정수
163 20세기의 위대한 연극인들 | 김미혜
164 영화음악 | 박신영
165 한국독립영화 | 김수남
166 영화와 샤머니즘 | 이종승
167 영화로 보는 불륜의 사회학 | 황혜진
168 J.D. 샐린저와 호밀밭의 파수꾼 | 김성곤
169 허브 이야기 | 조태동 · 송진희
170 프로레슬링 | 성민수
171 프랑크푸르트 | 이기식
172 바그다드 | 이동은
173 아테네인, 스파르타인 | 윤진
174 정치의 원형을 찾아서 | 최자영
175 소르본 대학 | 서정복
176 테마로 보는 서양미술 | 권용준
177 칼 마르크스 | 박영균
178 허버트 마르쿠제 | 손철성
179 안토니오 그람시 | 김현우
180 안토니오 네그리 | 윤수종
181 박이문의 문학과 철학 이야기 | 박이문
182 상상력과 가스통 바슐라르 | 홍명희
183 인간복제의 시대가 온다 | 김홍재
184 수소 혁명의 시대 | 김미선
185 로봇 이야기 | 김문상
186 일본의 정체성 | 김필동
187 일본의 서양문화 수용사 | 정하미
188 번역과 일본의 근대 | 최경옥
189 전쟁국가 일본 | 이성환
190 한국과 일본 | 하우봉
191 일본 누드 문화사 | 최유경
192 주신구라 | 이준섭
193 일본의 신사 | 박규태
194 미야자키 하야오 | 김윤아
195 애니메이션으로 보는 일본 | 박규태
196 디지털 에듀테인먼트 스토리텔링 | 강심호
197 디지털 애니메이션 스토리텔링 | 배주영
198 디지털 게임의 미학 | 전경란
199 디지털 게임 스토리텔링 | 한혜원
200 한국형 디지털 스토리텔링 | 이인화

201 디지털 게임, 상상력의 새로운 영토 | 이정엽
202 프로이트와 종교 | 권수영
203 영화로 보는 태평양전쟁 | 이동훈
204 소리의 문화사 | 김토일
205 극장의 역사 | 임종엽
206 뮤지엄건축 | 서상우
207 한옥 | 박명덕
208 한국만화사 산책 | 손상익
209 만화 속 백수 이야기 | 김성훈
210 코믹스 만화의 세계 | 박석환
211 북한만화의 이해 | 김성훈 · 박소현
212 북한 애니메이션 | 이대연 · 김경임
213 만화로 보는 미국 | 김기홍
214 미생물의 세계 | 이재열
215 빛과 색 | 변종철
216 인공위성 | 장영근
217 문화콘텐츠란 무엇인가 | 최연구
218 고대 근동의 신화와 종교 | 강성열
219 신비주의 | 금인숙
220 십자군, 성전과 약탈의 역사 | 진원숙
221 종교개혁 이야기 | 이성덕
222 자살 | 이진홍
223 성, 그 억압과 진보의 역사 | 윤가현
224 아파트의 문화사 | 박철수
225 권오길 교수가 들려주는 생물의 섹스 이야기 | 권오길
226 동물행동학 | 임신재
227 한국 축구 발전사 | 김성원
228 월드컵의 위대한 전설들 | 서준형
229 월드컵의 강국들 | 심재희
230 스포츠마케팅의 세계 | 박찬혁
231 일본의 이중권력, 쇼군과 천황 | 다카시로 고이치
232 일본의 사소설 | 안영희
233 글로벌 매너 | 박한표
234 성공하는 중국 진출 가이드북 | 우수근
235 20대의 정체성 | 정성호
236 중년의 사회학 | 정성호
237 인권 | 차병직
238 헌법재판 이야기 | 오호택
239 프라하 | 김규진
240 부다페스트| 김성진
241 보스턴 | 황선희
242 돈황 | 전인초
243 보들레르 | 이건수
244 돈 후안 | 정동섭
245 사르트르 참여문학론 | 변광배
246 문체론 | 이종오
247 올더스 헉슬리 | 김효원
248 탈식민주의에 대한 성찰 | 박종성
249 서양 무기의 역사 | 이내주
250 백화점의 문화사 | 김인호
251 초콜릿 이야기 | 정한진
252 향신료 이야기 | 정한진
253 프랑스 미식 기행 | 심순철
254 음식 이야기 | 윤진아
255 비틀스 | 고영탁
256 현대시와 불교 | 오세영
257 불교의 선악론 | 안옥선
258 질병의 사회사 | 신규환
259 와인의 문화사 | 고형욱
260 와인, 어떻게 즐길까 | 김준철
261 노블레스 오블리주 | 예종석
262 미국인의 탄생 | 김진웅
263 기독교의 교파 | 남병두
264 플로티노스 | 조규홍
265 아우구스티누스 | 박경숙
266 안셀무스 | 김영철
267 중국 종교의 역사 | 박종우
268 인도의 신화와 종교 | 정광흠
269 이라크의 역사 | 공일주
270 르 코르뷔지에 | 이관석
271 김수영, 혹은 시적 양심 | 이은정
272 의학사상사 | 여인석
273 서양의학의 역사 | 이재담
274 몸의 역사 | 강신익
275 인류를 구한 항균제들 | 예병일
276 전쟁의 판도를 바꾼 전염병 | 예병일
277 사상의학 바로 알기 | 장동민
278 조선의 명의들 | 김호
279 한국인의 관계심리학 | 권수영
280 모건의 가족 인류학 | 김용환
281 예수가 상상한 그리스도 | 김호경
282 사르트르와 보부아르의 계약결혼 | 변광배
283 초기 기독교 이야기 | 진원숙
284 동유럽의 민족 분쟁 | 김철민
285 비잔틴제국 | 진원숙
286 오스만제국 | 진원숙
287 별을 보는 사람들 | 조상호
288 한미 FTA 후 직업의 미래 | 김준성
289 구조주의와 그 이후 | 김종우
290 아도르노 | 이종하
291 프랑스 혁명 | 서정복
292 메이지유신 | 장인성
293 문화대혁명 | 백승욱
294 기생 이야기 | 신현규
295 에베레스트 | 김법모
296 빈 | 인성기
297 발트3국 | 서진석
298 아일랜드 | 한일동
299 이케다 하야토 | 권혁기
300 박정희 | 김성진
301 리콴유 | 김성진
302 덩샤오핑 | 박형기
303 마거릿 대처 | 박동운
304 로널드 레이건 | 김형곤
305 셰이크 모하메드 | 최진영
306 유엔사무총장 | 김정태
307 농구의 탄생 | 손대범
308 홍차 이야기 | 정은희

309 인도 불교사 | 김미숙
310 아힌사 | 이정호
311 인도의 경전들 | 이재숙
312 글로벌 리더 | 백형찬
313 탱고 | 배수경
314 미술경매 이야기 | 이규현
315 달마와 그 제자들 | 우봉규
316 화두와 좌선 | 김호귀
317 대학의 역사 | 이광주
318 이슬람의 탄생 | 진원숙
319 DNA분석과 과학수사 | 박기원
320 대통령의 탄생 | 조지형
321 대통령의 퇴임 이후 | 김형곤
322 미국의 대통령 선거 | 윤용희
323 프랑스 대통령 이야기 | 최연구
324 실용주의 | 이유선
325 맥주의 세계 | 원융희
326 SF의 법칙 | 고장원
327 원효 | 김원명
328 베이징 | 조창완
329 상하이 | 김윤희
330 홍콩 | 유영하
331 중화경제의 리더들 | 박형기
332 중국의 엘리트 | 주장환
333 중국의 소수민족 | 정재남
334 중국을 이해하는 9가지 관점 | 우수근
335 고대 페르시아의 역사 | 유흥태
336 이란의 역사 | 유흥태
337 에스파한 | 유흥태
338 번역이란 무엇인가 | 이향
339 해체론 | 조규형
340 자크 라캉 | 김용수
341 하지홍 교수의 개 이야기 | 하지홍
342 다방과 카페, 모던보이의 아지트 | 장유정
343 역사 속의 채식인 | 이광조 (절판)
344 보수와 진보의 정신분석 | 김용신
345 저작권 | 김기태
346 왜 그 음식은 먹지 않을까 | 정한진
347 플라멩코 | 최명호
348 월트 디즈니 | 김지영
349 빌 게이츠 | 김익현
350 스티브 잡스 | 김상훈
351 잭 웰치 | 하정필
352 워렌 버핏 | 이민주
353 조지 소로스 | 김성진
354 마쓰시타 고노스케 | 권혁기
355 도요타 | 이우광
356 기술의 역사 | 송성수
357 미국의 총기 문화 | 손영호
358 표트르 대제 | 박지배
359 조지 워싱턴 | 김형곤
360 나폴레옹 | 서정복
361 비스마르크 | 김장수
362 모택동 | 김승일
363 러시아의 정체성 | 기연수
364 너는 시방 위험한 로봇이다 | 오은
365 발레리나를 꿈꾼 로봇 | 김선혁
366 로봇 선생님 가라사대 | 안동근
367 로봇 디자인의 숨겨진 규칙 | 구신애
368 로봇을 향한 열정, 일본 애니메이션 | 안병욱
369 도스토예프스키 | 박영은
370 플라톤의 교육 | 장영란
371 대공황 시대 | 양동휴
372 미래를 예측하는 힘 | 최연구
373 꼭 알아야 하는 미래 질병 10가지 | 우정헌
374 과학기술의 개척자들 | 송성수
375 레이첼 카슨과 침묵의 봄 | 김재호
376 좋은 문장 나쁜 문장 | 송준호
377 바울 | 김호경
378 테킬라 이야기 | 최명호
379 어떻게 일본 과학은 노벨상을 탔는가 | 김범성
380 기후변화 이야기 | 이유진
381 샹송 | 전금주
382 이슬람 예술 | 전완경
383 페르시아의 종교 | 유흥태
384 삼위일체론 | 유해무
385 이슬람 율법 | 공일주
386 금강경 | 곽철환
387 루이스 칸 | 김낙중 · 정태용
388 톰 웨이츠 | 신주현
389 위대한 여성 과학자들 | 송성수
390 법원 이야기 | 오호택
391 명예훼손이란 무엇인가 | 안상운
392 사법권의 독립 | 조지형
393 피해자학 강의 | 장규원
394 정보공개란 무엇인가 | 안상운
395 적정기술이란 무엇인가 | 김정태 · 홍성욱
396 치명적인 금융위기, 왜 유독 대한민국인가 | 오형규
397 지방자치단체, 돈이 새고 있다 | 최인욱
398 스마트 위험사회가 온다 | 민경식
399 한반도 대재난, 대책은 있는가 | 이정직
400 불안사회 대한민국, 복지가 해답인가 | 신광영
401 21세기 대한민국 대외전략 | 김기수
402 보이지 않는 위협, 종북주의 | 류현수
403 우리 헌법 이야기 | 오호택
404 핵심 중국어 간체자(简体字) | 김현정
405 문화생활과 문화주택 | 김용범
406 미래주거의 대안 | 김세용 · 이재준
407 개방과 폐쇄의 딜레마, 북한의 이중적 경제 | 남성욱 · 정유석
408 연극과 영화를 통해 본 북한 사회 | 민병욱
409 먹기 위한 개방, 살기 위한 핵외교 | 김계동
410 북한 정권 붕괴 가능성과 대비 | 전경주
411 북한을 움직이는 힘, 군부의 패권경쟁 | 이영훈
412 인민의 천국에서 벌어지는 인권유린 | 허만호
413 성공을 이끄는 마케팅 법칙 | 추성엽
414 커피로 알아보는 마케팅 베이직 | 김민주
415 쓰나미의 과학 | 이호준
416 20세기를 빛낸 극작가 20인 | 백승무

417 20세기의 위대한 지휘자 | 김문경
418 20세기의 위대한 피아니스트 | 노태헌
419 뮤지컬의 이해 | 이동섭
420 위대한 도서관 건축 순례 | 최정태
421 아름다운 도서관 오디세이 | 최정태
422 롤링 스톤즈 | 김기범
423 서양 건축과 실내디자인의 역사 | 천진희
424 서양 가구의 역사 | 공혜원
425 비주얼 머천다이징&디스플레이 디자인 | 강희수
426 호감의 법칙 | 김경호
427 시대의 지성, 노암 촘스키 | 임기대
428 역사로 본 중국음식 | 신계숙
429 일본요리의 역사 | 박병학
430 한국의 음식문화 | 도현신
431 프랑스 음식문화 | 민혜련
432 중국차 이야기 | 조은아
433 디저트 이야기 | 안호기
434 치즈 이야기 | 박승용
435 면(麵) 이야기 | 김한송
436 막걸리 이야기 | 정은숙
437 알렉산드리아 비블리오테카 | 남태우
438 개헌 이야기 | 오호택
439 전통 명품의 보고, 규장각 | 신병주
440 에로스의 예술, 발레 | 김도윤
441 소크라테스를 알라 | 장영란
442 소프트웨어가 세상을 지배한다 | 김재호
443 국제난민 이야기 | 김철민
444 셰익스피어 그리고 인간 | 김도윤
445 명상이 경쟁력이다 | 김필수
446 갈매나무의 시인 백석 | 이숭원
447 브랜드를 알면 자동차가 보인다 | 김흥식
448 파이온에서 힉스 입자까지 | 이강영
449 알고 쓰는 화장품 | 구희연
450 희망이 된 인문학 | 김호연
451 한국 예술의 큰 별 동랑 유치진 | 백형찬
452 경허와 그 제자들 | 우봉규
453 논어 | 윤홍식
454 장자 | 이기동
455 맹자 | 장현근
456 관자 | 신창호
457 순자 | 윤무학
458 미사일 이야기 | 박준복
459 사주(四柱) 이야기 | 이지형
460 영화로 보는 로큰롤 | 김기범
461 비타민 이야기 | 김정환
462 장군 이순신 | 도현신
463 전쟁의 심리학 | 이윤규
464 미국의 장군들 | 여영무
465 첨단무기의 세계 | 양낙규
466 한국무기의 역사 | 이내주
467 노자 | 임헌규
468 한비자 | 윤찬원
469 묵자 | 박문현
470 나는 누구인가 | 김용신
471 논리적 글쓰기 | 여세주
472 디지털 시대의 글쓰기 | 이강룡
473 NLL을 말하다 | 이상철
474 뇌의 비밀 | 서유헌
475 버트런드 러셀 | 박병철
476 에드문트 후설 | 박인철
477 공간 해석의 지혜, 풍수 | 이지형
478 이야기 동양철학사 | 강성률
479 이야기 서양철학사 | 강성률
480 독일 계몽주의의 유학적 기초 | 전홍석
481 우리말 한자 바로쓰기 | 안광희
482 유머의 기술 | 이상훈
483 관상 | 이태룡
484 가상학 | 이태룡
485 역경 | 이태룡
486 대한민국 대통령들의 한국경제 이야기 1 | 이장규
487 대한민국 대통령들의 한국경제 이야기 2 | 이장규
488 별자리 이야기 | 이형철 외
489 셜록 홈즈 | 김재성
490 역사를 움직인 중국 여성들 | 이양자
491 중국 고전 이야기 | 문승용
492 발효 이야기 | 이미란
493 이승만 평전 | 이주영
494 미군정시대 이야기 | 차상철
495 한국전쟁사 | 이희진
496 정전협정 | 조성훈
497 북한 대남 침투도발사 | 이윤규
498 수상 | 이태룡
499 성명학 | 이태룡
500 결혼 | 남정욱
501 광고로 보는 근대문화사 | 김병희
502 시조의 이해 | 임형선
503 일본인은 왜 속마음을 말하지 않을까 | 임영철
504 내 사랑 아다지오 | 양태조
505 수프림 오페라 | 김도윤
506 바그너의 이해 | 서정원
507 원자력 이야기 | 이정익
508 이스라엘과 창조경제 | 정성호
509 한국 사회 빈부의식은 어떻게 변했는가 | 김용신
510 요하문명과 한반도 | 우실하
511 고조선왕조실록 | 이희진
512 고구려조선왕조실록 1 | 이희진
513 고구려조선왕조실록 2 | 이희진
514 백제왕조실록 1 | 이희진
515 백제왕조실록 2 | 이희진
516 신라왕조실록 1 | 이희진
517 신라왕조실록 2 | 이희진
518 신라왕조실록 3 | 이희진
519 가야왕조실록 | 이희진
520 발해왕조실록 | 구난희
521 고려왕조실록 1 (근간)
522 고려왕조실록 2 (근간)
523 조선왕조실록 1 | 이성무
524 조선왕조실록 2 | 이성무

525 조선왕조실록 3 | 이성무
526 조선왕조실록 4 | 이성무
527 조선왕조실록 5 | 이성무
528 조선왕조실록 6 | 편집부
529 정한론 | 이기용
530 청일전쟁 | 이성환
531 러일전쟁 | 이성환
532 이슬람 전쟁사 | 진원숙
533 소주이야기 | 이지형
534 북한 남침 이후 3일간, 이승만 대통령의 행적 | 남정옥
535 제주 신화 1 | 이석범
536 제주 신화 2 | 이석범
537 제주 전설 1 | 이석범 (절판)
538 제주 전설 2 | 이석범 (절판)
539 제주 전설 3 | 이석범 (절판)
540 제주 전설 4 | 이석범 (절판)
541 제주 전설 5 | 이석범 (절판)
542 제주 민담 | 이석범
543 서양의 명장 | 박기련
544 동양의 명장 | 박기련
545 루소, 교육을 말하다 | 고봉만 · 황성원
546 철학으로 본 앙트러프러너십 | 전인수
547 예술과 앙트러프러너십 | 조명계
548 예술마케팅 | 전인수
549 비즈니스상상력 | 전인수
550 개념설계의 시대 | 전인수
551 미국 독립전쟁 | 김형곤
552 미국 남북전쟁 | 김형곤
553 초기불교 이야기 | 곽철환
554 한국가톨릭의 역사 | 서정민
555 시아 이슬람 | 유흥태
556 스토리텔링에서 스토리두잉으로 | 윤주
557 백세시대의 지혜 | 신현동
558 구보 씨가 살아온 한국 사회 | 김병희
559 정부광고로 보는 일상생활사 | 김병희
560 정부광고의 국민계몽 캠페인 | 김병희
561 도시재생이야기 | 윤주
562 한국의 핵무장 | 김재엽
563 고구려 비문의 비밀 | 정호섭
564 비슷하면서도 다른 한중문화 | 장범성
565 급변하는 현대 중국의 일상 | 장시,리우린,장범성
566 중국의 한국 유학생들 | 왕링윈, 장범성
567 밥 딜런 그의 나라에는 누가 사는가 | 오민석
568 언론으로 본 정부 정책의 변천 | 김병희
569 전통과 보수의 나라 영국 1-영국 역사 | 한일동
570 전통과 보수의 나라 영국 2-영국 문화 | 한일동
571 전통과 보수의 나라 영국 3-영국 현대 | 김언조
572 제1차 세계대전 | 윤형호
573 제2차 세계대전 | 윤형호
574 라벨로 보는 프랑스 포도주의 이해 | 전경준
575 미셸 푸코, 말과 사물 | 이규현
576 프로이트, 꿈의 해석 | 김석
577 왜 5왕 | 홍성회
578 소가씨 4대 | 나행주
579 미나모토노 요리토모 | 남기학
580 도요토미 히데요시 | 이계황
581 요시다 쇼인 | 이희복
582 시부사와 에이이치 | 양의모
583 이토 히로부미 | 방광석
584 메이지 천황 | 박진우
585 하라 다카시 | 김영숙
586 히라쓰카 라이초 | 정애영
587 고노에 후미마로 | 김봉식
588 모방이론으로 본 시장경제 | 김진식
589 보들레르의 풍자적 현대문명 비판 | 이건수
590 원시유교 | 한성구
591 도가 | 김대근
592 춘추전국시대의 고민 | 김현주
593 사회계약론 | 오수웅

헬레니즘

펴낸날 초판 1쇄 2003년 10월 15일
초판 6쇄 2021년 11월 10일

지은이 윤진
펴낸이 심만수
펴낸곳 (주)살림출판사
출판등록 1989년 11월 1일 제9-210호

주소 경기도 파주시 광인사길 30
전화 031-955-1350 팩스 031-624-1356
홈페이지 http://www.sallimbooks.com
이메일 book@sallimbooks.com

ISBN 978-89-522-0146-1 04080
978-89-522-0096-9 04080 (세트)

※ 값은 뒤표지에 있습니다.
※ 잘못 만들어진 책은 구입하신 서점에서 바꾸어 드립니다.

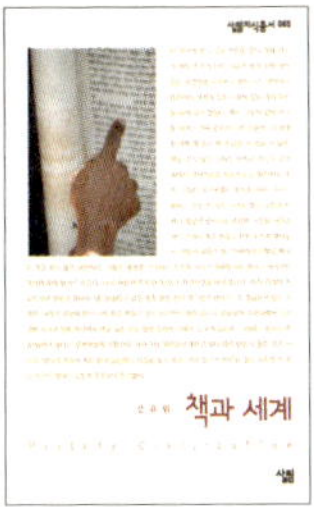

085 책과 세계

강유원(철학자)

책이라는 텍스트는 본래 세계라는 맥락에서 생겨났다. 인류가 남긴 고전의 중요성은 바로 우리가 가 볼 수 없는 세계를 글자라는 매개를 통해서 우리에게 생생하게 전해 주는 것이다. 이 책은 역사라는 시간과 지상이라고 하는 공간 속에 나타났던 텍스트를 통해 고전에 담겨진 사회와 사상을 드러내려 한다.

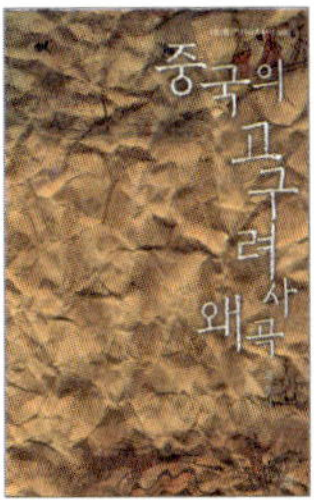

056 중국의 고구려사 왜곡

eBook

최광식(고려대 한국사학과 교수)

중국의 고구려사 왜곡의 숨은 의도와 논리, 그리고 우리의 대응 방안을 다뤘다. 저자는 동북공정이 국가 차원에서 진행되는 정치적 프로젝트임을 치밀하게 증언한다. 경제적 목적과 영토 확장의 이해관계 등이 복잡하게 얽혀 있는 동북공정의 진정한 배경에 대한 설명, 고구려의 역사적 정체성에 대한 문제, 고구려사 왜곡에 대한 우리의 대처방법 등이 소개된다.

291 프랑스 혁명

eBook

서정복(충남대 사학과 교수)

프랑스 혁명은 시민혁명의 모델이자 근대 시민국가 탄생의 상징이지만, 그 실상을 아는 사람은 많지 않다. 프랑스 혁명이 바스티유 습격 이전에 이미 시작되었으며, 자유와 평등 그리고 공화정의 꽃을 피기 위해 너무 많은 피를 흘렸고, 혁명의 과정에서 해방과 공포가 엇갈리고 있었다는 등의 이야기를 통해 프랑스 혁명의 실상을 소개한다.

139 신용하 교수의 독도 이야기

eBook

신용하(백범학술원 원장)

사학계의 원로이자 독도 관련 연구의 대가인 신용하 교수가 일본의 독도 영토 편입문제를 걱정하며 일반 독자가 읽기 쉽게 쓴 책. 저자는 역사적으로나 국제법상으로 실효적 점유상으로나, 어느 측면에서 보아도 독도는 명백하게 우리 땅이라고 주장하며 여러 가지 역사적인 사료를 제시한다.

144 페르시아 문화

eBook

신규섭(한국외대 연구교수)

인류 최초 문명의 뿌리에서 뻗어 나와 아랍을 넘어 중국, 인도와 파키스탄, 심지어 그리스에까지 흔적을 남긴 페르시아 문화에 대한 개론서. 이 책은 오랫동안 베일에 가려 있던 페르시아 문명을 소개하여 이슬람에 대한 편견과 오해를 바로 잡는다. 이태백이 이란계였다는 사실, 돈황과 서역, 이란의 현대 문화 등이 서술된다.

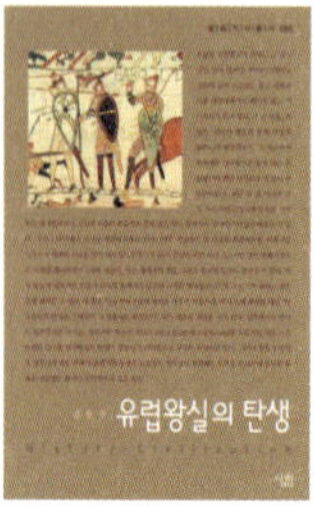

086 유럽왕실의 탄생

김현수(단국대 역사학과 교수)

인류에게 '예술과 문명' 그리고 '근대와 국가'라는 개념을 선사한 유럽왕실. 유럽왕실의 탄생배경과 그 정체성은 무엇인가? 이 책은 게르만의 한 종족인 프랑크족과 메로빙거 왕조, 프랑스의 카페 왕조, 독일의 작센 왕조, 잉글랜드의 웨섹스 왕조 등 수많은 왕조의 출현과 쇠퇴를 통해 유럽 역사의 변천을 소개한다.

016 이슬람 문화

이희수(한양대 문화인류학과 교수)

이슬람교와 무슬림의 삶, 테러와 팔레스타인 문제 등 이슬람 문화 전반을 다룬 책. 저자는 그들의 멋과 가치관을 흥미롭게 설명하면서 한편으로 오해와 편견에 사로잡혀 있던 시각의 일대 전환을 요구한다. 이슬람교와 기독교의 관계, 무슬림의 삶과 낭만, 이슬람 원리주의와 지하드의 실상, 팔레스타인 분할 과정 등의 내용이 소개된다.

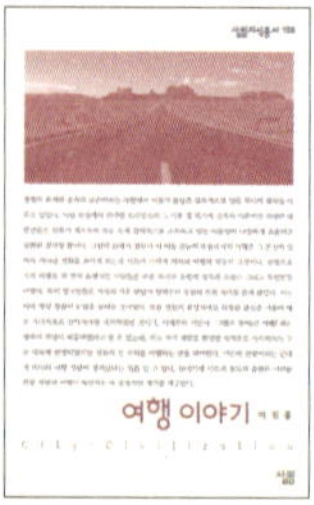

100 여행 이야기

eBook

이진홍(한국외대 강사)

이 책은 여행의 본질 위를 '길거리의 철학자'처럼 편안하게 소요한다. 먼저 여행의 역사를 더듬어 봄으로써 여행이 어떻게 인류 역사의 형성과 같이해 왔는지를 생각하고, 다음으로 여행의 사회학적 · 심리학적 의미를 추적함으로써 여행에 어떤 의미를 부여할 것인가에 대해 말한다. 또한 우리의 내면과 여행의 관계 정의를 시도한다.

293 문화대혁명 중국 현대사의 트라우마

eBook

백승욱(중앙대 사회학과 교수)

중국의 문화대혁명은 한두 줄의 정부 공식 입장을 통해 정리될 수 없는 중대한 사건이다. 20세기 중국의 모든 모순은 사실 문화대혁명 시기에 집약되어 있다고 해도 과언이 아니다. 사회주의 시기의 국가 · 당 · 대중의 모순이라는 문제의 복판에서 문화대혁명을 다시 읽을 필요가 있는 지금, 이 책은 문화대혁명에 대한 안내자가 될 것이다.

174 정치의 원형을 찾아서

eBook

최자영(부산외국어대학교 HK교수)

인류가 걸어온 모든 정치체제들을 매우 짧은 기간 동안 시험하고 정비한 나라, 그리스. 이 책은 과두정, 민주정, 참주정 등 고대 그리스의 정치사를 추적하고, 정치가들의 파란만장한 일화 등을 소개하고 있다. 특히 이 책의 저자는 아테네인들이 추구했던 정치방법이 오늘 우리 사회가 당면한 문제를 해결할 수 있는 지혜의 발견에 도움을 줄 수 있을 것이라고 말한다.

420 위대한 도서관 건축순례

eBook

최정태(부산대학교 명예교수)

이 책은 도서관의 건축을 중심으로 다룬 일종의 기행문이다. 고대 도서관에서부터 21세기에 완공된 최첨단 도서관까지, 필자는 가능한 많은 도서관을 직접 찾아보려고 애썼다. 미처 방문하지 못한 도서관에 대해서는 문헌과 그림 등 가능한 많은 정보를 수집하려 노력했다. 필자의 단상들을 함께 읽는 동안 우리 사회에서 도서관이 차지하는 의미에 대해 다시 생각하게 된다.

421 아름다운 도서관 오디세이

eBook

최정태(부산대학교 명예교수)

이 책은 문헌정보학과에서 자료 조직을 공부하고 평생을 도서관에 몸담았던 한 도서관 애찬가의 고백이다. 필자는 퇴임 후 지금까지 도서관을 돌아다니면서 직접 보고 배운 것이 40여 년 동안 강단과 현장에서 보고 얻은 이야기보다 훨씬 많았다고 말한다. '세계 도서관 여행 가이드'라 불러도 손색없을 만큼 풍부하고 다채로운 내용이 이 한 권에 담겼다.

eBook 표시가 되어있는 도서는 전자책으로 구매가 가능합니다.

016 이슬람 문화 | 이희수
017 살롱문화 | 서정복 eBook
020 문신의 역사 | 조현설 eBook
038 헬레니즘 | 윤진 eBook
056 중국의 고구려사 왜곡 | 최광식 eBook
085 책과 세계 | 강유원
086 유럽왕실의 탄생 | 김현수 eBook
087 박물관의 탄생 | 전진성 eBook
088 절대왕정의 탄생 | 임승휘 eBook
100 여행 이야기 | 이진홍 eBook
101 아테네 | 장영란 eBook
102 로마 | 한형곤 eBook
103 이스탄불 | 이희수 eBook
104 예루살렘 | 최창모 eBook
105 상트 페테르부르크 | 방일권 eBook
106 하이델베르크 | 곽병휴 eBook
107 파리 | 김복래 eBook
108 바르샤바 | 최건영 eBook
109 부에노스아이레스 | 고부안 eBook
110 멕시코 시티 | 정혜주 eBook
111 나이로비 | 양철준 eBook
112 고대 올림픽의 세계 | 김복희 eBook
113 종교와 스포츠 | 이창익 eBook
115 그리스 문명 | 최혜영
116 그리스와 로마 | 김덕수 eBook
117 알렉산드로스 | 조현미
138 세계지도의 역사와 한반도의 발견 | 김상근 eBook
139 신용하 교수의 독도 이야기 | 신용하
140 간도는 누구의 땅인가 | 이성환 eBook
143 바로크 | 신정아 eBook
144 페르시아 문화 | 신규섭 eBook
150 모던 걸, 여우 목도리를 버려라 | 김주리 eBook
151 누가 하이카라 여성을 데리고 사누 | 김미지 eBook
152 스위트 홈의 기원 | 백지혜 eBook
153 대중적 감수성의 탄생 | 강심호 eBook
154 에로 그로 넌센스 | 소래섭 eBook
155 소리가 만들어낸 근대의 풍경 | 이승원 eBook
156 서울은 어떻게 계획되었는가 | 염복규 eBook
157 부엌의 문화사 | 함한희
171 프랑크푸르트 | 이기식 eBook
172 바그다드 | 이동은 eBook
173 아테네인, 스파르타인 | 윤진 eBook
174 정치의 원형을 찾아서 | 최자영 eBook
175 소르본 대학 | 서정복 eBook
187 일본의 서양문화 수용사 | 정하미
188 번역과 일본의 근대 | 최경옥
189 전쟁국가 일본 | 이성환 eBook
191 일본 누드 문화사 | 최유경
192 주신구라 | 이준섭
193 일본의 신사 | 박규태 eBook
220 십자군, 성전과 약탈의 역사 | 진원숙
239 프라하 | 김규진 eBook
240 부다페스트 | 김성진 eBook
241 보스턴 | 황선희
242 돈황 | 전인초 eBook
249 서양 무기의 역사 | 이내주
250 백화점의 문화사 | 김인호
251 초콜릿 이야기 | 정한진
252 향신료 이야기 | 정한진
259 와인의 문화사 | 고형욱
269 이라크의 역사 | 공일주
283 초기 기독교 이야기 | 진원숙
285 비잔틴제국 | 진원숙 eBook
286 오스만제국 | 진원숙 eBook
291 프랑스 혁명 | 서정복 eBook
292 메이지유신 | 장인성
293 문화대혁명 | 백승욱 eBook
294 기생 이야기 | 신현규 eBook
295 에베레스트 | 김법모 eBook
296 빈 | 인성기 eBook
297 발트3국 | 서진석 eBook
298 아일랜드 | 한일동
308 홍차 이야기 | 정은희 eBook
317 대학의 역사 | 이광주
318 이슬람의 탄생 | 진원숙
335 고대 페르시아의 역사 | 유흥태
336 이란의 역사 | 유흥태
337 에스파한 | 유흥태
342 다방과 카페, 모던보이의 아지트 | 장유정
343 역사 속의 채식인 | 이광조
371 대공황 시대 | 양동휴 eBook
420 위대한 도서관 건축순례 | 최정태 eBook
421 아름다운 도서관 오디세이 | 최정태 eBook
423 서양 건축과 실내 디자인의 역사 | 천진희 eBook
424 서양 가구의 역사 | 공혜원 eBook
437 알렉산드리아 비블리오테카 | 남태우 eBook
439 전통 명품의 보고, 규장각 | 신병주 eBook
443 국제난민 이야기 | 김철민 eBook
462 장군 이순신 | 도현신 eBook
463 전쟁의 심리학 | 이윤규 eBook
466 한국무기의 역사 | 이내주 eBook
486 대한민국 대통령들의 한국경제 이야기1 | 이장규 eBook
487 대한민국 대통령들의 한국경제 이야기2 | 이장규 eBook
490 역사를 움직인 중국 여성들 | 이양자 eBook
493 이승만 평전 | 이주영 eBook
494 미군정시대 이야기 | 차상철 eBook
495 한국전쟁사 | 이희진 eBook
496 정전협정 | 조성훈 eBook
497 북한 대남침투도발사 | 이윤규 eBook
510 요하 문명(근간)
511 고조선왕조실록(근간)
512 고구려왕조실록 1(근간)
513 고구려왕조실록 2(근간)
514 백제왕조실록 1(근간)
515 백제왕조실록 2(근간)
516 신라왕조실록 1(근간)
517 신라왕조실록 2(근간)
518 신라왕조실록 3(근간)
519 가야왕조실록(근간)
520 발해왕조실록(근간)
521 고려왕조실록 1(근간)
522 고려왕조실록 2(근간)
523 조선왕조실록 1 | 이성무 eBook
524 조선왕조실록 2 | 이성무 eBook
525 조선왕조실록 3 | 이성무 eBook
526 조선왕조실록 4 | 이성무 eBook
527 조선왕조실록 5 | 이성무 eBook
528 조선왕조실록 6 | 편집부 eBook

㈜살림출판사
www.sallimbooks.com
주소 경기도 파주시 문발동 522-1 | 전화 031-955-1350 | 팩스 031-955-1355